Sabatina Smaldone

PEDAGOGIA DELLE EMOZIONI NEL BAMBINO: LO SVILUPPO DELL'INTELLIGENZA EMOTIVA

Prima edizione: 2020
ISBN: 978-1-71680-917-0
Pubblicato da Vincenzo Capuano per FUORI TEMA, Collana Scuola
Copertina di Angelo Tartaglione / kreandolab.com
Produzione e coordinamento editoriale di Vincenzo Capuano
Stampato da Lulu Press, Inc., https://www.lulu.com/it

FUORI TEMA
Parole al lavoro
Via Napoli, 22
81020 Recale (Caserta)
www.fuoritema.eu

«*Chiunque si applichi con costanza ad ascoltare la risposta dei bambini è un rivoluzionario*».

Françoise Dolto

INDICE

Premessa

Questo lavoro è nato e si è sviluppato intorno a un interesse personale nei confronti delle emozioni e del loro coinvolgimento nelle interazioni sociali. La mia professione, come tutte le professioni nell'ambito sociale, richiede la presenza e lo scambio continui e costanti delle proprie emozioni e delle emozioni altrui. È impensabile, infatti, potersi relazionare con altri individui, a prescindere dall'età e dal sesso, senza che le proprie emozioni entrino in gioco e, in alcuni casi, ne determinino l'entità del rapporto. Nell'ambito scolastico, le emozioni che entrano in gioco possono essere persino decisive per la buona riuscita del percorso di formazione e di studi, se genitori e docenti sono grado di offrire al bambino momenti per sperimentare un dialogo aperto sull'aspetto emotivo della vita, sulla comprensione dei propri sentimenti e sull'accettazione di sé stessi.

Capitolo 1
Educarsi alle emozioni per vivere meglio

1.1 Introduzione

Le emozioni sono il colore della nostra vita. Senza di esse vivremmo in bianco e nero, con la capacità di produrre pensiero, ma senza alcuna spinta vitale ed energetica verso gli altri e verso l'esplorazione di nuove esperienze e nuovi territori della vita. Un film, premiato a Cannes nel 2015, lo racconta molto bene. Si intitola "The Lobster" e mostra la vita di uomini e donne single che in un mondo distopico devono viversi a fianco, l'uno all'altra, senza però poter contare sulla forza delle emozioni e dell'amore. Possono fare coppia fissa, ma non possono innamorarsi mai. Si stanno a fianco per un progetto di sopravvivenza, ma non devono e non riescono a nutrire sentimenti d'affetto l'uno per l'altra. Il regista ci mostra persone attanagliate dal grigiore e dalla noia, ma ci fa anche osservare come per gli uomini l'ipotesi di una vita senza il supporto delle emozioni sia praticamente impossibile. Perché, improvvisamente, tra due abitanti di questo mondo utopistico, l'Amore arriva con tutta la sua forza.

1.2 Le emozioni nel regno vivente

È proprio così: le emozioni sono necessarie per la nostra vita. Ci aiutano a vivere meglio, ci orientano verso le esperienze, le relazioni e le cose che davvero hanno importanza, ci permettono di costruire legami e senso di appartenenza. Non siamo solo noi esseri umani ad emozionarci: anche gli animali più evoluti nella scala filogenetica sono dotati di emozioni. Un esempio: se vivete con un cane lo vedrete rattristarsi tutte le mattine alla vostra partenza e rallegrarsi tutte le sere al vostro ritorno a casa. Se foste padroni di un serpente o di un grande ragno velenoso che conservate da anni in una teca vicino alla porta di ingresso della vostra abitazione, vi rendereste conto, invece, che questi due animali non mostrerebbero mai nei vostri confronti queste manifestazioni affettive. Il che significa che la presenza degli apparati emotivi all'interno del sistema nervoso centrale non è cosa per tutti. La base del nostro funzionamento emotivo è data dalla capacità di attivare una zona specifica del nostro cervello che, di fronte a eventi della vita e della quotidianità, ci fa reagire, modificando il nostro stato di equilibrio e procurandoci reazioni a livello corporeo. Per esempio, la paura ci spinge alla fuga oppure ci immobilizza e congela, facendoci rimanere immobili nel punto esatto in cui ci troviamo quando essa si attiva e ci travolge. Potremmo quindi affermare che le emozioni si scrivono sia nel cervello sia nel corpo. Una zona del nostro cervello "registra" lo stato di attivazione emotiva e in tempi rapidissimi comporta modificazioni del nostro corpo funzionali e reattive.

1.3 Le sei emozioni primarie

Sono sei le emozioni principali che ci "abitano" fin da quando veniamo al mondo. Tutte e sei queste emozioni ci sono state lasciate in "dono" dall'evoluzione perché ci permettono di vivere meglio e di sopravvivere alle avversità. Sono: paura, tristezza, rabbia, disgusto, felicità, sorpresa. Ognuna svolge un compito specifico nella nostra esistenza. Un compito irrinunciabile al quale è fondamentale affidarsi. La paura si manifesta ogni volta che percepiamo nel nostro ambiente di vita la presenza di qualcosa che potrebbe metterci a rischio. Il ruolo protettivo della paura è fondamentale in età evolutiva, perché permette a bambini e ragazzi di non "mettersi in pericolo" in situazioni rischiose e di avvertire il limite che non deve essere oltrepassato, in situazioni sociali in cui potrebbero farsi male. La tristezza, invece, si attiva di fronte alle separazioni: un bambino piange quando i genitori escono al mattino per andare al lavoro; tale emozione serve a garantire un dispositivo di "prossimità fisica" con chi lo fa stare bene e lo protegge. Il disgusto invece è l'emozione che ci tiene lontani da ciò che potrebbe avvelenarci la vita. Per l'uomo primitivo serviva a rimanere lontano da serpenti e ragni velenosi, così come da cibo avariato o intossicante. Oggi il disgusto ha molto più significato in ambito sociale. Le persone "viscide", ambigue, melliflue ci spingono a rimanere a una certa distanza perché potrebbero essere "velenose" sul piano relazionale. La rabbia è invece l'emozione che si attiva quando abbiamo di fronte a noi un potenziale nemico. In origine serviva a pompare sangue nelle mani e nelle gambe così da essere prestanti in occasione di uno scontro fisico. Oggi, in contesti civili, la rabbia diviene l'emozione dello scontro verbale o del bullismo, della prepotenza o della prevaricazione. La sorpresa ci spinge ad andare a esplorare l'ignoto. Tutto ciò che l'uomo nel corso dei secoli ha scoperto e conquistato è stato reso possibile proprio dal suo desiderio di sperimentare sorpresa e da una motivazione interiore a sfuggire alla noia e alla routine. In età evolutiva la sorpresa dirige verso nuove mete, permette di "buttarsi nella mischia degli amici" e di lasciarsi toccare da sentimenti nuovi e inediti come l'amore e la voglia di mettersi alla prova in nuove competenze e sfide con se stessi. Infine c'è l'emozione più bella di tutte: è la felicità. La viviamo quando accanto a noi c'è una persona che ci ama profondamente e che ci circonda con il suo affetto. Un bambino sperimenta massima felicità quando è vicino a mamma e papà, quando riceve coccole, quando si trova al centro della loro attenzione e del loro amore. Un adulto invece tocca la quintessenza della felicità nella fase dell'innamoramento, quando il cervello emotivo viene inondato dai neuromediatori chimici della gioia e ci sembra di toccare il cielo con un dito. L'evoluzione ha "selezionato" questa emozione perché noi viviamo meglio e siamo in grado di sopravvivere con più soddisfazione e salute quando non siamo soli. Le ricerche più recenti ci dicono che la nostra vita da "iperconnessi", sempre concentrati su ciò che succede in uno schermo, costantemente coinvolti in attività di socializzazione virtuale e a rischio di isolamento sociale, ha causato negli ultimi cinque anni i più alti tassi di depressione e infelicità tra i soggetti in età evolutiva. Si tratta di un monito significativo per noi genitori, che dobbiamo fare molta attenzione a come l'utilizzo continuo e ininterrotto delle tecnologie da parte dei minori e la loro frequente e intensa permanenza in spazi virtuali (dove non sperimentano prossimità fisica con persone in carne ed ossa) potrebbe rivelarsi un boomerang in grado di danneggiare in modo significativo l'equilibrio emotivo funzionale al benessere.

1.4 L'educazione emotiva dei bambini

I bambini, da quando nascono e per tutta la prima e seconda infanzia, vivono di emozioni e relazioni. Qualsiasi cosa succeda nella loro vita provocherà intense attivazioni emotive e gli adulti dovranno con pazienza e costanza "entrare" nella mente del bambino, sintonizzarsi con i suoi stati emotivi, riconoscerli e validarli, così da fornire risposte adeguate in grado di generare un senso di calma e tranquillità. Sin dal primo giorno di vita il neonato racconta le sue emozioni con il pianto, che è un linguaggio poco differenziato che l'adulto deve imparare a decodificare e interpretare. Il neonato piange perché ha fame, perché ha sonno, perché ha caldo, perché si è spaventato a causa di un rumore forte e improvviso. L'adulto, ascoltando il pianto del bambino, deve riuscire a fornire la risposta che calma il bisogno che lo ha attivato. Nella ripetizione di questo schema, in cui il bambino vede attivarsi uno stato emotivo e l'adulto gli fornisce la risposta adeguata in grado di contenerlo e superarlo, i soggetti in età evolutiva apprendono i processi di regolazione emotiva. Esperienza dopo esperienza, mese dopo mese, la regolazione alle loro "emozioni" data dagli adulti fornirà "dall'esterno" un modello che il bambino progressivamente renderà interiore e autonomo, fino a conquistare una tappa fondamentale del suo sviluppo: l'autoregolazione emotiva. Come adulti, non dobbiamo mai trascurare il fatto che per i bambini è di cruciale importanza che noi siamo lì, attenti e partecipi, pronti a rispondere alle situazioni che generano in loro disagio emotivo. Quando i bambini sono travolti dalle loro emozioni, non hanno parole per potercelo raccontare: di conseguenza in loro le emozioni si trasformano in vagiti. Pianti disperati quando il bambino è molto piccolo, azioni aggressive e violente quando invece va a scuola. In parte l'emergenza educativa chiamata bullismo, che in questi anni è diventata epidemica e a volte si manifesta anche nelle scuole primarie, origina da bambini che non sono capaci di gestire in modo funzionale le loro emozioni negative. Perciò in situazioni in cui sono arrabbiati oppure frustrati, si mettono ad agire in modo violento e prepotente, aggredendo i propri compagni, non riuscendo in altro modo a "scaricare" ciò che sta "intasando" in quel momento il loro cervello emotivo. A volte le emozioni inespresse del bambino possono trasformarsi anche in veri e propri sintomi di natura psicosomatica oppure in un ritiro e in un evitamento sociale (il bambino si isola e spera in questo modo che nessuno noti ed entri in contatto con la sua zona di disagio). È solo dentro l'incontro con gli adulti significativi e competenti dal punto di vista emotivo (ovvero genitori ed educatori) che il bambino riuscirà a non rimanere abitante di "un territorio sospeso", dove la regola implicita dei suoi stati di attivazione emotiva si fonda sul "non detto". Offrire competenza e disponibilità emotiva a un bambino sin dai primi anni del suo percorso di vita significa fare un notevole investimento sul suo successo evolutivo a 360°. Grazie a un'adeguata "alfabetizzazione emotiva" il bambino si troverà capace di riconoscere ciò che sente, ciò che sentono gli altri, migliorando la qualità della sua vita e delle sue relazioni con il gruppo dei pari. Inoltre, saprà mettere in relazione il suo "dentro" e il suo "fuori", ovvero le variazioni dei suoi stati interni in funzione di ciò che gli accade nel mondo che è fuori di lui. Ne deriverà una progressiva competenza a saper regolare i propri stati di attivazione emotiva, grazie alla capacità di riconoscere le emozioni sperimentate, di poterle raccontare e condividere con le persone intorno a lui. A sua volta, l'adulto che lo educa in tale senso diventerà ai suoi occhi un "allenatore" competente al quale affidarsi in ogni situazione di difficoltà. Tutto il tempo dell'età evolutiva, con una particolare intensificazione in preadolescenza, è un tempo in cui al soggetto può capitare di sentirsi travolto dalle emozioni, senza riuscire a gestirle. In questi frangenti, il minore rischia di sentirsi perso, solo, sopraffatto dalle richieste che gli provengono dal mondo esterno e interno a lui, incapace di capire cosa gli sta succedendo e perché gli sta succedendo. È quello che succede anche a Riley, la giovane protagonista del cartone "Inside Out", uno splendido strumento di educazione emotiva che dovrebbero guardare tutti i bambini, ma anche tutti i loro genitori.

1.5 L'educazione emotiva a scuola

L'educazione alle emozioni, nella prospettiva descritta in questo articolo, rappresenta uno dei fattori di protezione più importanti per la crescita in età evolutiva. Essa è parte integrante del progetto educativo dei genitori, ma negli ultimi anni è sempre più stata promossa come una componente fondamentale dei progetti di promozione della salute e del benessere da svolgersi a scuola. Nei curricula scolastici di educazione emotiva si cercano di potenziare i due modelli di intelligenza che Howard Gardner (1995, 2005) ha incluso all'interno del suo modello delle intelligenze multiple, un modello che ha rivoluzionato il modo di pensare alla mente umana e che ha prodotto un grande impatto anche sul "modo di fare scuola" e sullo sviluppo dei programmi scolastici in tutto il mondo. All'interno del proprio modello, Gardner afferma che nelle "molteplici intelligenze" di ogni bambino sono da includere anche:

- l'intelligenza interpersonale, consistente nella capacità di comprendere gli altri e di costruire un modello di relazione interpersonale orientato alla cooperatività;

- l'intelligenza intrapersonale, intesa come una capacità autoriflessiva rivolta verso l'interno basata sulla possibilità di formarsi un modello accurato e veritiero di se stessi.

Se il nucleo dell'intelligenza interpersonale include la capacità di distinguere e di rispondere appropriatamente agli stati d'animo, al temperamento, alle motivazioni e ai desideri altrui, quello dell'intelligenza intrapersonale si affida allo sviluppo di competenze individuali utili per accedere alla conoscenza di sé e dei propri sentimenti e stati d'animo. Queste due intelligenze sono poi confluite nel lavoro di Daniel Goleman, lo studioso che con i suoi libri, che hanno avuto uno straordinario successo di pubblico in tutto il mondo, ha proposto come fondamentale per il successo di vita di ciascuno di noi il concetto di intelligenza emotiva da intendersi come «la capacità di motivare se stessi, di persistere nel perseguire un obiettivo nonostante le frustrazioni, di controllare gli impulsi e rimandare la gratificazione, di modulare i propri stati d'animo, evitando che la sofferenza ci impedisca di pensare, di essere empatici, di sperare» (Goleman, 1995). L'intelligenza emotiva si qualifica perciò come una competenza il che implica che può essere sviluppata e educata attraverso un curriculum educativo ad hoc e che può perciò avvalersi, in ambito scolastico, di un percorso strutturato, finalizzato ad aiutare il singolo soggetto a "coltivare la crescita" del sapere, saper fare e saper essere a essa associata, così da riuscire a gestire questa dimensione della propria vita intrapsichica con maggiore abilità. In base a tale affermazione, gli adulti significativi devono preoccuparsi di sostenere lo sviluppo di competenze emotive nel bambino con cui vivono o lavorano non solo attraverso le normali esperienze della vita di relazione, ma anche con attività opportunamente create e strutturate a tale scopo.

1.6 La competenza emotiva

Diventare emotivamente competenti è un bisogno fondamentale di ogni essere umano. Molti ritengono che l'educazione emotiva sia il semplice risultato di un processo di apprendimento per osmosi, che i bambini attuano nei contesti di vita in cui muovono i loro primi passi e in cui trascorrono gli anni della loro prima e seconda infanzia. Del resto, per molti vale il detto che «un bambino impara ciò che vede e ciò che vive». Molti altri sposano il modello del bambino "competente" in base al quale il bambino nasce "competente" e dispone già di nozioni, valori e criteri di valutazione che orientano concretamente la sua esperienza. L'educazione emotiva è invece qualcosa di più: è un progetto che famiglia e scuola devono perseguire in modo competente e congiunto, che, se ben attuato, aiuterà non solo a raggiungere un buon livello di autostima e di felicità personale, ma promuoverà anche un "miglior saper vivere" all'interno del gruppo di classe e del gruppo di amici, facilitando l'acquisizione di quelle competenze che restano poi con noi, per tutto il tempo della nostra vita adulta.

Capitolo 2
Emozioni e crescita emotiva del bambino

2.1 Che cos'è un'emozione

C'è un accordo all'interno della comunità scientifica, nel far risalire a William James (1884) l'origine dell'interesse psicologico per il quesito "che cosa è un'emozione". Quella di definire un'emozione è una vera e propria sfida, numerosi studiosi hanno sottolineato che, di fatto, tutti sanno che cos'è un'emozione finché non viene chiesto di definirla, vi sono infatti diverse correnti teoriche che la descrivono in differenti modi.

- Definizione fenomenologica: le emozioni rappresentano il manifestarsi contemporaneo di alterazioni comportamentali, fisiologiche e cognitive.

- Definizione informazionale: le emozioni rappresentano il modo in cui il nostro cervello elabora informazioni ambientali in modo estremamente rapido.

- Definizione proattiva: le emozioni rappresentano dei sistemi integrati fisiologicocognitivo-comportamentali per il raggiungimento di obiettivi rilevanti sul piano filogenetico o personale.

- Definizione multicomponenziale interattiva: le emozioni sono dei sistemi integrati fisiologico-cognitivocomportamentali la cui funzione è quella di favorire il perseguimento di obiettivi personalmente significativi, gestendo in modo rapido ed efficiente le transazioni con l'ambiente ed ottimizzando i livelli di attivazione e di elaborazione individuali.

Vi sono centinaia di emozioni con tutte le loro mescolanze, variazioni, mutazioni, sfumature. Goleman, nel suo libro "Intelligenza emotiva", ci spiega che la discussione tra i ricercatori su quali possano essere considerate le emozioni primarie, è ancora aperta. Alcuni teorici propongono famiglie emozionali fondamentali, anche se non tutti concordano nell'identificarle. Tra queste famiglie emozionali troviamo: collera, tristezza, paura, gioia, amore, sorpresa, disgusto, vergogna. In tutte queste famiglie troviamo altrettante sfumature emotive, quindi la complessità, la sfaccettatura emotiva non si esaurisce in questo primo elenco, il dibattito scientifico sulla classificazione delle emozioni prosegue. L'argomento a favore dell'esistenza di un gruppo di emozioni fondamentali dipende, entro certi limiti, dalla scoperta di Paul Ekman, della University California di San Francisco, secondo cui alcune emozioni sono universali. Dalla sua ricerca si evince che, le espressioni facciali specifiche di paura, collera, tristezza e gioia, sono riconosciute in ogni cultura del mondo, compresi popoli analfabeti che presumibilmente non sono influenzati dal cinema o dalla televisione. Ekman ha mostrato fotografie che ritraevano con precisione volti esprimenti le quattro emozioni fondamentali a culture lontanissime dalla nostra e ha così constatato che dovunque la gente riconosceva le stesse emozioni fondamentali. Sempre Goleman spiega che ciascuna famiglia emozionale ha un nucleo con le connesse derivazioni che scaturiscono da esso secondo innumerevoli mutamenti. Le derivazioni più esterne sono gli umori o stati d'animo che, sono più attenuati e assai più durevoli delle emozioni (mentre, per esempio, è relativamente raro rimanere per tutto un giorno in preda a una collera furibonda, non lo è altrettanto essere di un umore scorbutico e irritabile dal quale possono facilmente scatenarsi brevi accessi d'ira). Al di là degli umori vi sono i temperamenti, ossia la propensione a evocare una certa emozione o umore che rende le persone malinconiche, timide o allegre. E ancora al di là di tali disposizioni emozionali vi sono i veri e propri disturbi delle emozioni, come la depressione clinica o l'ansia persistente, nei quali ci si sente intrappolati per sempre in uno stato di alterazione costante.

2.2 Da dove nascono le emozioni

Partendo dalla "Teoria dei 3 cervelli" del neurologo Paul MacLean (1971-2011), possiamo affermare che il cervello è costituito da tre componenti distinte e possiamo così dividerlo in: cervello rettiliano, cervello limbico e cervello neocorticale.

- Il cervello rettiliano o primitivo è costituito dal cervelletto e dal bulbo spinale, è sede degli istinti primari e di funzioni vitali come per esempio il controllo del ritmo cardiaco e respiratorio, l'alimentazione e gli impulsi sessuali.

- Il cervello limbico o intermedio è costituito dal sistema limbico, corrisponde nella scala evolutiva al cervello dei mammiferi, specie di quelli più antichi, ed è coinvolto nell'elaborazione delle emozioni. In particolare l'amigdala, che fa parte del sistema limbico, funziona come un archivio della memoria emozionale ed è quindi depositaria del significato stesso degli eventi, senza di essa ne risulterebbe una evidentissima incapacità di valutare il significato emozionale degli eventi.

- Il cervello neocorticale o superiore è costituito dagli emisferi cerebrali, è il più recente, ed è esclusivo dei primati e sede di tutte le funzioni cognitive e razionali.

Sostanzialmente i centri emozionali derivano da una struttura molto primitiva, quella del cervello rettile, e dai centri emozionali si sono evolute le aree del cervello pensante ossia la neocorteccia. Il fatto che il cervello pensante si sia evoluto da quello emozionale ci dice molto sui rapporti fra pensiero e sentimento: molto prima che esistesse un cervello razionale, esisteva già quello emozionale.

2.3 A cosa servono le emozioni

Le emozioni hanno un ruolo fondamentale per l'uomo in termini evoluzionistici. La parte emotiva prevale sulla mente nei momenti più critici della vita. Tutte le emozioni sono, essenzialmente, impulsi ad agire; in altre parole, piani d'azione dei quali ci ha dotato l'evoluzione per gestire in tempo reale le emergenze della vita. La radice stessa della parola emozione è il verbo latino "moveo" che tradotto significa "muovere", per indicare che in ogni emozione è implicita una tendenza ad agire. Come tutti sappiamo per esperienza personale, quando è il momento che decisioni e azioni prendano forma, i sentimenti contano almeno quanto il pensiero razionale, e spesso anche di più. Finora si è data troppa importanza al valore, nella vita umana, della sfera puramente razionale, in altre parole quella misurata dal Q.I. Nel bene o nel male, quando le emozioni prendono il sopravvento, l'intelligenza può non essere di alcun aiuto. Come abbiamo visto la parte emotiva, non è meno importante di quella cognitiva e lo sviluppo generale della persona avviene proprio grazie all'interdipendenza di fattori emotivi e cognitivi. Senza la parte emotiva quindi non si svilupperebbero determinati schemi mentali che aiutano l'individuo a vivere semplicemente la vita di tutti i giorni. A tutti gli effetti abbiamo due menti una che pensa, l'altra che sente.

2.4 Prospettive teoriche nello studio delle emozioni

Le teorie cognitiviste, che considerano la valutazione (o apparaisal) degli eventi un aspetto centrale del processo cognitivo, hanno prodotto una vera e propria rivoluzione in tema di emozioni, mettendo in evidenza quanto esse siano intrecciate con i processi di pensiero, la razionalità e l'elaborazione cognitiva. Il primo tentativo di studiare le emozioni secondo una prospettiva evoluzionistica invece è certamente quello di Darwin, questa prospettiva psico-evoluzionistica è basata sulle idee di selezione e adattamento, che mettono in evidenza la funzione delle emozioni di assicurare la sopravvivenza dell'individuo e della specie. Infine le teorie socioculturali si dividono in due approcci, uno moderato, secondo cui la cultura influenza l'espressione e la regolazione delle emozioni, l'altro radicale secondo cui le emozioni sono una costruzione culturale che avviene attraverso le pratiche linguistiche.

2.5 L'intelligenza e la competenza emotiva

L'intelligenza emotiva è un'abilità fondamentale che influenza profondamente tutte le altre, facilitandone l'espressione o interferendo con esse. È quella capacità che ci permette di apprendere a gestire reazioni cariche di valenze psicologiche. L'intelligenza emotiva può essere sviluppata e perfezionata, per governare al meglio le nostre emozioni e ottenere sempre il massimo da noi stessi e dagli altri. Un input decisivo allo studio di questo argomento deriva dal successo della saggio "Intelligenza emotiva", in cui si sottolineava la necessità di promuovere accanto all'intelligenza cognitiva, anche il suo equivalente emotivo. Alcuni studiosi hanno così finalizzato la loro attività di ricerca alla misurazione dell'intelligenza emotiva attraverso l'individuazione di un QE o Quoziente emotivo. Ma che cos'è la competenza emotiva? Secondo Gordon (1989), la competenza emotiva è un insieme di conoscenza e abilità di comportamento che si sviluppano in connessione con la "cultura emotiva" di appartenenza. Per Salovey e Mayer (1990); Mayer e Salovey (1997) l'intelligenza emotiva è l'abilità di percepire, generare e regolare le emozioni in modo da aiutare il pensiero a promuovere la crescita emotiva e intellettuale. Gli autori Saarni e Harris (1989), Saarni (1999; 2000) definiscono la competenza emotiva come l'insieme di abilità necessarie per essere efficaci in modo particolare nelle transizioni sociali che producono emozioni. Infine, Denham (1998); Halberstadt, Denham e Dunsmore (2001) definiscono la competenza emotiva l'insieme di capacità che riguardano l'espressione, la comprensione e la regolazione delle emozioni. E distinguono la competenza socio-affettiva o emotivo-sociale come comunicazione efficace delle proprie emozioni, interpretazione corretta delle emozioni altrui e risposta coerente, guidate da consapevolezza, accettazione e gestione dei propri affetti.

2.6 Lo sviluppo della competenza emotiva

Dalle varie teorie citate, si evince da tutte che, risultano essere aspetti centrali del costrutto di competenza emotiva tre tappe: l'espressione delle emozioni, la comprensione delle emozioni e la regolazione delle stesse. Per quanto riguarda l'espressione delle emozioni, ha una grande importanza la comunicazione non verbale, che integra l'aspetto propriamente verbale dell'atto comunicativo. Il volto in particolare costituisce un canale privilegiato nella comunicazione delle emozioni, ma anche i gesti e i movimenti del corpo, la voce e il contatto corporeo sono canali dell'espressione emotiva. La comprensione delle emozioni da parte dei bambini è uno degli aspetti della competenza emotiva maggiormente studiato dagli psicologi dello sviluppo. Harris (1989) e Saarni e Harris (1989) hanno utilizzato l'espressione "teoria della mente emotiva" per riferirsi alla conoscenza consapevole che un bambino possiede delle emozioni. Lo sviluppo di questa capacità inizia molto presto, attraverso l'influenza che ha l'adulto, già nel primo anno di vita, sull'espressione emotiva del bambino. P. Harris afferma che lo sviluppo della comprensione delle emozioni si svolga principalmente dai due/ tre anni e continua fino alle soglie dell'adolescenza. A partire dall'anno e mezzo/ due anni, i bambini in diverse culture iniziano ad utilizzare il lessico psicologico, comprendente il vocabolario emotivo, per fare riferimento a stati mentali fra cui emozioni proprie e altrui (Bretherton e Beegley 1982;

Bartsch e Wellman 1995; Camaioni e Longobardi 1997). Wellman e colleghi (1995) dimostrano come intorno ai due anni e mezzo i bambini usino il linguaggio per riferirsi a emozioni del passato, del presente e del futuro rispetto sia a se stessi sia agli altri. A circa tre/quattro anni essi sono in grado di superare compiti sperimentali in cui viene utilizzato il paradigma del riconoscimento dell'espressione facciale. Sempre all'interno della comprensione delle emozioni ritroviamo anche la comprensione delle cause delle emozioni. Dagli studi in questo ambito emerge che già prima dei tre anni i bambini sono in grado di mettere in relazione le emozioni con le cause che le hanno prodotte, ad esempio, c'è la tristezza perché un giocattolo si è rotto e agiscono sugli stati emotivi dei loro pari ad esempio porgendo un gioco per consolare (Grazzani Gavazzi 2003). All'interno della comprensione rientra anche quella della possibilità di controllo o regolazione delle emozioni, emerge nell'infanzia e consente la riuscita degli scambi sociali (Trevarthen 1993). La regolazione emotiva costituisce, infine, il terzo importante aspetto del costrutto di competenza emotiva preso in esame. Gross ha sottolineato come il tema della regolazione emotiva sia stato preso in considerazione, nella psicologia delle emozioni, già a partire da Freud, a proposito dei meccanismi di difesa, da Bowlby nella teoria dell'attaccamento fino a Sroufe, con l'enfasi sul contatto affettivo modulato dall'espressività emotiva. Fin dalla nascita c'è una predisposizione alla comunicazione diadica che si realizza anche in una regolazione reciproca che all'inizio è guidata principalmente dall'adulto. Questi offre la struttura esterna affinché i processi di regolazione possano svilupparsi, favorendo il passaggio dalla regolazione reciproca all'autoregolazione. Il trasferimento dalla regolazione emotiva dal caregiver al bambino stesso è un importante compito evolutivo che impegna il piccolo durante l'infanzia e oltre, non raggiungendo forse mai, nel corso del ciclo di vita, una conclusione definitiva con la piena autosufficienza regolatoria.

2.7   La crescita emotiva del bambino: Sroufe e Izard

Come afferma Mariagrazia Contini nel libro "Per una pedagogia delle emozioni", il bambino di pochi mesi che guarda, sorride, assume espressioni imbronciate o piange, sta sperimentando dimensioni di approccio, con gli altri e con se stesso, di grande rilievo. Osservando questo bambino, ci chiediamo con curiosità, se e quanto e come quel piccino capisce e sente, è in rapporto con noi, oppure è chiuso in un suo mondo biologico, dal quale soltanto egli è regolato, quando dorme come quando sorride o sembra guardarci con interesse. Tra le teorizzazioni psicologiche più significative, elaborate in rapporto alle caratteristiche e funzioni dei processi emozionali nei primi mesi del bambino fino ai 3 anni, troviamo le due elaborazioni di L.A. Sroufe e a C.E. Izard, tratte entrambe da uno studio di W.M. Battacchi. La ricerca di Sroufe propone una stretta connessione dello sviluppo emotivo oltre che con la maturazione neurologica, con lo sviluppo cognitivo e quello sociale: se infatti si può affermare la dipendenza delle emozioni dalle eccitazioni nervose positive o negative, non sono queste ultime, tuttavia, a determinare la qualità della risposta emotiva che dipende, invece, dall'attività cognitiva. Per questo osserva Battacchi, "anche se l'infante è un essere essenzialmente emotivo, senza processi cognitivi le emozioni in senso stretto non esistono". Quindi per l'autore, non è l'eccitazione da sola a generare specifiche emozioni di valenza negativa o positiva; risulta, piuttosto, fondamentale soffermarsi su come tale eccitazione venga cognitivamente valutata. Nelle prime settimane di vita del bambino, prima fase di sviluppo, si può parlare di precursori e non di emozioni vere e proprie, perché si realizza una fluttuazione piacevole o spiacevole del livello d'attivazione ma senza alcuna elaborazione cognitiva, il sorriso del bambino in questo stadio è detto endogeno ovvero sarebbe un mero riflesso. Il secondo periodo, fino a circa i 3 mesi di vita, vede il bambino sensibile agli stimoli esterni, ma ancora poco attrezzato sul piano cognitivo. Infatti ha a disposizione, per ora, solo un repertorio di meccanismi preprogrammati di elaborazione dell'eccitazione, è ravvisabile, in questo stadio l'attenzione coatta precoce, precursore della paura, che consiste nell'ispezione protratta fino a circa due minuti di uno stimolo visivo. Dai 3 ai 6 mesi, nel terzo stadio, compare il sorriso sociale non selettivo, cioè non ancora rivolto preferenzialmente verso il caregiver, inoltre si costituiscono i primi schemi cognitivi con le reazioni circolari secondarie, la capacità di coordinare schemi motori e di esplorare attivamente gli oggetti. In questo periodo iniziano a comparire abbozzi di emozioni vere e proprie, in relazione alla fase iniziale della differenziazione Sé-altro. Fra i 7 e i 9 mesi, nel quarto stadio, i rapporti col mondo circostante si arricchiscono sempre di più, le emozioni si differenziano tra di loro, ad esempio la gioia si distingue dal piacere perché deriva da un evento positivo cui lo stesso bambino partecipa (ad esempio scoprire il volto della madre nel gioco del cucù) e non dal soddisfacimento di un bisogno. Si assiste al fenomeno della "permanenza dell'oggetto" già descritto da Piaget e si verifica ansia da separazione. Sroufe colloca in questa fase la comparsa di emozioni vere e proprie, distinguendole dai precursori che le hanno anticipate. L'intenzionalità emozionale caratterizza, secondo Sroufe, il quinto stadio (9-12 mesi) che egli definisce dell'attaccamento, poiché in quel periodo si stabiliscono rapporti emotivi profondi tra il bambino e le persone che si prendono cura di lui, per le quali egli è in grado di provare preoccupazione e di comunicarla, appunto, intenzionalmente. Nel sesto stadio invece, fra i 12 e i 18 mesi, il bambino attua sperimentazioni a livello affettivo tra desiderio di autonomia e esigenza di attaccamento, da questa tensione trae inizio lo sviluppo della coscienza del sé e delle corrispondenti emozioni che richiedono lo sviluppo dell'autocoscienza. Ne deriva, anche, la possibilità per il bambino di confrontarsi con un'immagine di sé ideale, costruita grazie allo svilupparsi di capacità immaginative e di identificazione rispetto alla quale può valutare il proprio comportamento. Nelle fasi successive (periodo 7 e 8) il bambino, secondo Sroufe, ha il compito emotivo di mantenere il senso di autonomia di fronte all'angoscia da separazione e alla crescente consapevolezza dei propri limiti, compito che viene risolto con il gioco di finzione e l'identificazione con il caregiver nell'ultima fase evolutiva della prima infanzia. In sintesi, dunque, le emozioni fondamentali di gioia, paura e rabbia emergono attraverso passaggi precisi: hanno origine da un precursore che compare precocemente e che costituisce il prototipo della successiva emozione vera e propria. Per Sroufe, che sostiene una prospettiva organizzazionale circa l'emergere delle emozioni, lo sviluppo emotivo avviene in relazione a periodi critici che comportano salti o riorganizzazioni tra una fase e l'altra. La teoria differenziale, sostenuta principalmente da Izard, concepisce lo sviluppo delle emozioni nel bambino in una prospettiva discreta o categoriale. Essa, infatti, sostiene l'esistenza di un certo numero di emozioni innate e universali, detto set di emozioni primarie o di base (paura, collera, gioia, tristezza, disgusto). Secondo questa prospettiva, le emozioni primarie emergono già strutturate come totalità, sulla base di un programma maturativo innato e universale che con lo sviluppo dà luogo alle espressioni emotive riconoscibili. Izard, in particolare, aderisce a un'ipotesi forte del feedback facciale: enfatizzando il legame espressione-emozioni, sostiene che il feedback propriocettivo, o corporeo-muscolare, e le espressioni facciali contribuiscono, in modo rilevante, a generare specifiche esperienze emotive. Seguendo la teoria di Izard, lo sviluppo delle emozioni favorisce un progressivo sviluppo della coscienza che, a sua volta, partecipa al potenziamento e arricchimento delle esperienze emozionali. L'emergenza di nuove emozioni infatti: accresce la complessità dell'esperienza cosciente, ampliando la gamma di stimoli a cui si è in grado di reagire; facilita l'innalzamento di livello dell'esperienza cosciente, da puramente sensoriale a immaginativo-intellettuale; incide sulla coscienza allargando la consapevolezza cosciente. Secondo l'autore di questa teoria, questo arricchimento di esperienza cosciente si realizza attraverso tre livelli: il primo sensorio-affettivo (primi due mesi di vita) rapporto madre-bambino, comunicazione dei bisogni attraverso il pianto; il secondo livello o percettivo-affettivo (dal terzo mese) in cui il bambino col sorriso sociale esprime la gioia di un'interazione e distingue il rapporto con soggetti umani da quello con gli oggetti, ed è capace di operare la distinzione fra sé e l'oggetto; il terzo livello o cognitivo-affettivo (dal nono mese) in cui si amplia ancor di più la consapevolezza, il bambino utilizza immagini e simboli, è in grado di ricordare e di anticipare, sa cosa significa il possesso e si rende conto di sé come soggetto "agente". Dopo i due anni, sempre secondo Izard, i bambini iniziano a imparare le modalità di regolazione delle emozioni, le cui norme sono imposte dalla cultura di appartenenza. Infatti, nel corso del terzo anno di vita, cominciano a essere in grado di esagerare la manifestazione delle emozioni provate, ma anche di mascherarne l'esperienza interna sulla base di precise regole sociali relative all'appropriatezza dell'esibizione emotiva in base al contesto. Le dichiarazioni di priorità e di gerarchia tra processi emozionali e processi cognitivi continuano a costituire materia di dibattito tra gli studiosi, ciò che ormai viene accettato e riconosciuto all'unanimità è l'intreccio e il reciproco condizionamento tra i due tipi di processi e le fasi di sviluppo di entrambi. Il progressivo delinearsi di esperienze emotive all'altrettanto progressiva costruzione di schemi cognitivi e di capacità esplorative nell'ambiente, ci permette di poter affermare che, se nell'attaccamento il bambino riceve numerose e ricche risposte positive alle sue domande di cure, d'attenzione e soprattutto di sicurezza, egli può agevolmente iniziare e continuare in seguito, il suo processo d'esplorazione della realtà nonché quello di rappresentazione della medesima, includendovi se stesso e gli altri, all'insegna dell'interesse per la ricerca, della flessibilità, della disponibilità per il nuovo e il divergente. Il nucleo centrale del lavoro dell'asilo nido risiede proprio nella capacità di consentire al bambino di sviluppare legami significativi (anche oltre quelli familiari); di garantirgli una base sicura per la costruzione del sé e delle proprie competenze. Quando parliamo della costruzione di legami affettivi e di relazioni sociali, del senso di competenza e di fiducia, dello sviluppo di articolate e adatte emozioni in contesti relazionali stiamo precisamente parlando di sviluppo cognitivo. "Educare con sentimento" vuole affermare l'unità tra sviluppo cognitivo ed emotivo, vuole significare come le relazioni affettive siano alla base di ogni acquisizione del bambino. Emozioni e sentimenti sono un passaggio obbligato. Nell'intervento educativo le emozioni rappresentano il presupposto e il supporto dell'apprendimento cognitivo. Senza emozioni l'apprendimento non può avvenire, la crescita e l'apprendimento del bambino si basano sulla relazione e sono sorretti da essa. La relazione educativa si basa su forme di gratificazione (o disapprovazione) e "rinforzo". Tutto lo sviluppo del bambino procede attraverso esperienze di frustrazione e di gratificazione che producono e alimentano sempre uno stato affettivo.

2.8 Sviluppo emotivo e attaccamento

Come Bowlby ci ha svelato, è attraverso la relazione, che è primariamente relazione di attaccamento, che il bambino struttura una prima rappresentazione di sé, dell'altro e del mondo circostante; ed è su questa base che egli potrà sviluppare una identità personale e sociale, un senso di competenza e di fiducia in sé e negli altri. La stessa motivazione a crescere del neonato nasce dalla relazione con la madre o del caregiver di riferimento, ed è l'intelligenza emotiva (Goleman, 1995) che consente all'adulto la comprensione dello stato emotivo del bambino e dei suoi bisogni. La teoria dell'attaccamento, affermatasi inizialmente attraverso i lavori di Bowlby (1969), contiene una serie di assunti originali riguardo l'interpretazione del legame madre-bambino. Questo legame è il risultato di un sistema di schemi comportamentali a base innata con un importante significato adattivo. La costruzione del legame si realizza grazie agli scambi frequenti e intensi tra il bambino e l'adulto che si prende cura di lui in modo continuativo e privilegiato, il caregiver, adulto che nella maggior parte dei casi e delle culture è la madre stessa, detta figura di attaccamento. Nei primi anni tra l'adulto e il bambino il rapporto è di totale dipendenza tanto che il bambino non si percepisce come distinto da esso. «Il bambino nei primi mesi di vita la guarda, vede se stesso nel suo viso, o si potrebbe dire, trova se stesso nel viso della madre, che, grazie alla profonda empatia che prova nei confronti del figlio, riflette sul viso i sentimenti del bambino. In questo senso egli vede in lei come in uno specchio e in tal modo trova se stesso» (Bettelheim, 1987). Bowlby ritiene che esista un periodo privilegiato per la costruzione del legame di attaccamento, detto periodo sensibile, durante il quale si collocano quattro principali fasi di sviluppo del rapporto affettivo. Queste fasi, che coprono i primi due-tre anni di vita, vanno da un periodo di preattaccamento (in cui i segnali del bambino sono diretti indistintamente agli adulti con cui interagisce), a una fase in cui il bambino mostra di preferire uno o più adulti (per ricevere protezione e conforto), fino ad arrivare a una fase di attaccamento vero e proprio (tra i 6-8 mesi ai 12-13 mesi) in cui il piccolo mostra protesta alla separazione dal caregiver, cerca il suo contatto in condizioni di pericolo e stress e lo utilizza come base sicura nel corso dell'esplorazione dell'ambiente. Nel periodo finale, a partire dai 18 mesi, si realizza la formazione di rappresentazioni interne della relazione. Tali rappresentazioni, dette modelli operativi interni o MOI (Bowlby 1973), sono particolarmente importanti perché costituiscono "schemi mentali" che il bambino costruisce di sé, dell'altro e della relazione tra sé-altro. Questi schemi guideranno il modo con cui il bambino si pone e si porrà nei confronti dell'ambiente, delle novità e degli altri. Nella costruzione del legame entrano in gioco anche le caratteristiche della madre, tra cui la sensibilità materna, ovvero la capacità di leggere e comprendere accuratamente i segnali che provengono dal proprio piccolo e la responsività materna, ovvero la capacità di rispondere ai segnali del figlio in modo appropriato. La metodica osservativa detta Strange Situation Procedure, predisposta da Ainsworth e colleghi (1978) ha consentito di individuare quattro principali tipologie di attaccamento madre-bambino. Attaccamento sicuro, attaccamento insicuro-evitante, attaccamento insicuro-ambivalente e infine attaccamento disorganizzato. Esse sono state collegate al comportamento materno nel primo anno di vita, rispettivamente sensibile ai segnali del bambino (sicuro), rifiutante il contatto fisico anche in situazioni di stress (evitante), imprevedibile nelle risposte alle richieste del piccolo (ambivalente), e gravemente patologico (disorganizzato). Diverse ricerche hanno approfondito il legame tra attaccamento e sviluppo di strategie di regolazione. Come scrive Schaffer (2004), i bambini con attaccamento sicuro hanno imparato che la manifestazione delle emozioni, a valenza sia positiva sia negativa, è accettata dai genitori e quindi si sentono liberi di palesarla genuinamente; i bambini con attaccamento evitante hanno invece fatto esperienza dei rifiuti delle loro manifestazioni emotive, soprattutto negative, e quindi hanno sviluppato strategie di nascondimento della loro sofferenza per timore di essere rifiutati o rimproverati; i bambini con attaccamento ansioso-ambivalente hanno sperimentato risposte incoerenti alle loro espressioni emotive e reazioni imprevedibili da parte del caregiver e, di conseguenza, tendono a esprimere le emozioni in modo esagerato e intenso, per catturarne l'attenzione. I diversi stili di attaccamento rimandano, dunque, ad esperienze ripetute in cui il caregiver ha fornito le regole circa quanto è consentito nell'espressione emotiva all'interno della diade (Sroufe, 1995), offrendo i riferimenti per stili di espressione e regolazione delle emozioni che tenderanno a ripresentarsi nel corso della vita, all'interno delle relazioni affettive significative. Una buona relazione col bambino ha un effetto decisivo su ogni aspetto dell'apprendimento. È dalla relazione di attaccamento che il bambino sviluppa la sicurezza emotiva che lo sostiene verso l'esplorazione e l'autonomia, mentre l'insicurezza emotiva inibisce l'esplorazione e l'apprendimento stesso.

Capitolo 3
Ruolo pedagogico del nido d'infanzia

3.1 Introduzione

Possiamo affermare che l'asilo nido sia la prima vera e propria comunità in cui il bambino si inserisce. È un luogo di relazione, il suo ruolo è quello di far instaurare delle relazioni positive tra pari e tra l'adulto e il bambino. Inoltre, attraverso queste relazioni che viaggiano su tonalità emotive e non neutre, il bambino impara a costruire la propria identità.

3.2 L'ambientamento al nido come crescita emotiva

Anche se il termine "inserimento" risulta ancora molto usato, la parola "ambientamento" sembra essere più adatta per indicare un periodo di conoscenza progressiva di un ambiente nuovo, di nuovi adulti e nuovi bambini. Per far sì che l'ambientamento non sia uno stress eccessivo per il bambino, si fa in modo che, prima di tale evento, il bambino abbia già familiarizzato un minimo con questa struttura. La stessa parola "ambientamento" sottende l'importanza di concedere un tempo alla triade mamma-bambino-educatrice di strutturare un contesto cognitivo ed emotivo in grado di favorire la gradualità delle fasi di avvicinamento, accoglienza, separazione ricongiungimento e, infine, appartenenza. Questo momento è per il bambino il passaggio dalla dimensione personale e familiare a quella sociale, che implica una nuova organizzazione quotidiana di spazi e relazioni, e bisogna stare attenti in questo passaggio a rispettare il più possibile il "tempo del bambino" e non solo le esigenze organizzative degli adulti. Prima dell'ambientamento vero e proprio c'è un colloquio individuale con i genitori, per discutere del bambino, che seppur piccolo ha già una storia, delle abitudini, delle esigenze, delle emozioni e dei sentimenti che vanno conosciuti e inoltre, si discute anche dello stile educativo dell'asilo nido che dev'essere condiviso anche dai genitori, per permettere così una certa continuità tra i due ambienti quello familiare e quello dell'asilo nido. Dopo questo colloquio il bambino può iniziare a frequentare l'asilo, ma in maniera graduale. All'inizio ad esempio il bambino sta al nido insieme a una figura familiare di riferimento per un'ora, il giorno dopo mezz'ora in più, il giorno dopo ancora la mamma sta con lui poi, prova a lasciarlo da solo per mezz'ora e così via. Questa pratica serve per dare al bambino il tempo di figurarsi mentalmente che quello è un ambiente positivo, in cui non c'è da aver paura perché lo conosce anche la mamma e che se la mamma va via per un po' poi torna sempre a prenderlo. L'ambientamento è un momento molto delicato perché, se avviene in maniera positiva il bambino inizierà a sentirsi sicuro, a conoscere e esplorare l'ambiente in maniera serena, se invece viene fatto in maniera frettolosa, senza tenere conto dei tempi del bambino, senza dargli le giuste attenzioni, allora il bambino potrà percepire l'ambiente come ostile e ciò influenzerà negativamente il suo percorso al nido. Quella dell'ambientamento è una delle esperienze in cui più vediamo la crescita emotiva del bambino, è un momento di grandi conquiste e di evoluzione per il piccolo, a cui va prestata un'attenzione particolare affinché si instauri un buon rapporto con l'educatore di riferimento e l'ambiente, che permetta di iniziare nella maniera più serena questo suo percorso al nido. Alla fine del periodo dell'ambientamento conosceremo il vero bambino, quello precedentemente descritto dalla mamma, quello non inibito dalla situazione nuova.

3.3 Le routine e la loro valenza di contenimento delle emozioni

Routine è un termine francese che sta a indicare un'abitudine e il ritmo monotono e ripetitivo della vita o del lavoro. Nelle strutture per la prima infanzia con questo termine si indicano i momenti che si ripetono durante l'arco della giornata. Tra le routine dell'asilo nido ritroviamo l'accoglienza, il cambio e la pulizia personale, il pranzo e le merende, il riposo e il ricongiungimento. Le routine hanno in sé una valenza pedagogica molto importante, si costituiscono infatti come veri e propri contenitori spaziali e temporali entro i quali i bambini si riconoscono e si ritrovano, dove vengono svolte azioni che danno sicurezza e contenimento di ansie proprio perché conosciute. È proprio la ripetizione di determinate azioni che permette ai piccoli di comprendere la realtà che li circonda e di compiere cambiamenti: primi fra tutti quelli legati all'autonomia. Le routine scandiscono il tempo della giornata al nido, sono momenti di cura in cui si offre intimità, calore, accoglienza; l'educatore si sintonizza al ritmo del bambino, ad esempio descrivendo cosa sta succedendo, i gesti che sta compiendo e coinvolgendolo nelle piccole scelte che lo riguardano, permettendogli di percepirsi come persona dotata di soggettività e di cominciare a porre in relazione sentimenti ed emozioni con le azioni dell'adulto. Il momento del cambio ad esempio, non va vissuto come un qualcosa di meccanico ma, come momento di forte vicinanza tra l'adulto e il bambino, un momento emotivo-relazionale di intimità. I gesti di cura sono intesi sia come sostegno fisico che psichico verso soggetti non ancora in grado di essere autonomi, in modo che la persona percepisca un senso di sicurezza, sia come manipolazioni corporee materne che come gesti di contenimento fisico ed emotivo. Il bambino si creerebbe quindi legami affettivi e mentali attraverso l'esperienza di cura e di accudimento del suo corpo e dei suoi bisogni. Le routine quindi hanno una valenza fondamentale per il bambino e, non si deve correre il rischio di etichettarle come meno importanti di altre attività più strutturate, ogni momento al nido ha la sua valenza pedagogica e con le giuste osservazioni possiamo valutare in ogni momento quelli che sono i bisogni e le esigenze dei bambini. L'educatore dev'essere un osservatore attento e rispondente, capace di trarre risposte coerenti da ciò che osserva e tradurle in azioni.

3.4 L'educatore nella promozione della competenza emotiva

Come afferma Donatella Scarzello nel libro "Lo sviluppo della competenza emotiva nella prima infanzia", il ruolo dell'adulto che sia genitore o educatore è fondamentale sia nella promozione della più generale comprensione degli stati mentali, sia in quella delle emozioni, nelle sue diverse forme. A partire dalla prima infanzia, sono già ravvisabili differenze individuali nella comprensione emotiva, che sono legate in parte al livello di sviluppo cognitivo (in particolare del linguaggio), ma che dipendono anche in gran parte dall'ambiente affettivo e dal supporto offerto dagli agenti socializzatori (Battistelli, 1995; Pons et al. 2006b). Come fa notare Astington (1996), la seconda ondata di studi sulla teoria della mente, che adottano una prospettiva socio culturale di matrice vygotskijana, evidenziano come lo sviluppo della teoria della mente non sia una conquista individuale, ma un'impresa relazionale: l'adulto nelle relazioni quotidiane promuove quelle abilità che permettono al bambino di accedere alla comprensione della mente. Per lo sviluppo della comprensione emotiva, all'interno di un contesto sociale, hanno un ruolo fondamentale diversi processi, quello osservativo rispetto all'emotività espressa, quello delle reazioni alle emozioni dei bambini, i dialoghi emotivi e l'attaccamento. Un esempio del ruolo dei processi osservativi è questo: un bambino che osserva la madre che sorride entusiasta dopo aver scartato un regalo deduce che ricevere un dono procuri felicità. In tale fenomeno, l'adulto non comunica necessariamente con il bambino, ma si limita a manifestare un atteggiamento emotivo nei confronti di un oggetto o di una situazione (Harris, 1989). Reagire in maniera coerente rispetto alle emozioni espresse dal bambino aiuta a promuovere la competenza emotiva dello stesso. L'adulto che si occupa del bambino dovrebbe accettare le varie emozioni infantili perché per il piccolo poter accedere in modo libero, autentico e completo alla propria dimensione emotiva significa arrivare a una comprensione migliore di sé (Denham, 1998). L'inibizione, il disconoscimento e la "censura" emotiva comportano invece una limitazione nella possibilità di concettualizzare le emozioni. I dialoghi emotivi che hanno come oggetto i nomi, le cause e le conseguenze delle emozioni, forniscono un sostegno fondamentale anche ai processi di comprensione infantile (Harris, 2008); favoriscono le capacità dei bambini di connettere stati interni e situazioni, e di costruire mappe coerenti dell'esperienza emotiva, che li aiutano ad orientarsi e a regolare il proprio comportamento. La spiegazione verbale circa le cause delle emozioni e le sollecitazioni tramite domande aiutano il piccolo ad avanzare all'interno della propria zona di sviluppo prossimale relativa alla comprensione emotiva. Infine, anche l'attaccamento ha un ruolo importante perché per comprendere le emozioni è necessario che il bambino si senta sicuro emotivamente, poter contare sul caregiver come "base sicura" aumenta la fiducia nel bambino nella possibilità di esplorare non solo l'ambiente esterno, ma anche quello interno. Devono conoscere, l'implicazione di tutti questi processi nello sviluppo della competenza emotiva, i genitori del bambino ma anche e soprattutto gli educatori. La comunicazione affettiva e le pratiche educative dell'educatore, che entrano in gioco nella sua attività quotidiana, hanno un'influenza molto forte sull'acquisizione delle abilità socio-emotive dei bambini. L'educatore deve quindi essere formato ad utilizzare con consapevolezza tali strumenti relazionali. Come per il genitore, anche per l'educatore, il modo di interpretare e reagire alle emozioni dei bambini è connesso al modo di leggere e gestire le proprie emozioni, è per questo che alcuni autori hanno pensato a dei "diari emotivi" per gli educatori, per poter imparare ad esprimere il proprio mondo interno attraverso le parole. L'educatore deve, non solo essere un attento osservatore delle emozioni dei bambini ma, anche un attento osservatore di sé stesso e della sua interiorità. Nel contesto asilo nido si ha la possibilità di osservare il bambino e il suo modo di esprimere le emozioni o di contenerle rispetto agli altri. Capita spesso che tra i bambini si verifichino situazioni conflittuali, come ad esempio le dispute per qualche gioco, l'educatore in tal caso può intervenire se il comportamento dei bambini sfocia in azioni violente, per parlare delle cause delle emozioni e per cercare insieme a loro soluzioni efficaci. Per giungere a una risoluzione del conflitto il bambino arriva a riflettere non solo sui propri stati emotivi, ma anche su quelli degli altri e a regolare il proprio comportamento con l'obiettivo di influenzare positivamente quello altrui. C'è inoltre, una terza possibilità per l'educatore, se non si prevedono conflitti "violenti", sarebbe opportuno far sì che la "questione" fosse regolata tra pari e in questo frangente l'adulto può osservare quali sono le strategie relazionali che mettono in atto i bambini per arrivare a un compromesso. Infine l'educatore ha il compito di progettare attività specifiche per stimolare lo sviluppo della competenza emotiva del bambino. Ogni progetto, ogni attività deve avere una motivazione chiara e obiettivi generali e specifici che alla fine si dovrebbero poter osservare. Ogni attività ovviamente dev'essere adattata all'età dei bambini tenendo conto quali sono le loro specifiche abilità per ogni tappa evolutiva.

3.5 Promozione della competenza emotiva al nido

Tutte le attività che l'educatore progetta per i piccoli devono essere prevalentemente proposte secondo una metodologia ludica. Come spiega R. Bosi in "Pedagogia al nido. Sentimenti e relazioni", il gioco del bambino rappresenta per l'educatore un contesto privilegiato di conoscenza, di osservazione e il luogo dove cogliere ed accogliere le sue possibili difficoltà. Giocare e saper giocare rappresentano un segnale importante dello stato di benessere del piccolo. Un bambino sofferente non gioca, un bambino dominato dall'ansia non può concentrarsi sulla propria attività e trarre piacere dal proprio agire. Un bambino che non gioca ci segnala un suo disagio in quel contesto e/o in quella relazione. Il gioco nasce e prende forma dalla realtà pulsionale, dall'inconscio, rappresenta quindi, in forma simbolica, la realtà interna del bambino. Il gioco è un'esperienza emotiva perché pervaso sempre da qualità affettive. Vissuti, desideri, angosce, conflitti, paure, stati emozionali attraverso l'attività ludica prendono forma, vengono espressi, elaborati e risolti. Il gioco è una modalità spontanea di espressione e di elaborazione psichica, è la rievocazione in forma simbolica di un'emozione che restituisce al bambino senso di padronanza, di competenza e di controllo sulla realtà. Uno dei giochi preferiti dai bambini e molto in voga negli asili nido è quello di manipolazione, l'educatore sceglie i materiali che possono essere pittura a dita, plastilina, colla o tutti i materiali cosiddetti "sporchevoli", l'autrice R. Bosi ci spiega che oltre a "pasticciare" e a conoscere i vari materiali, il bambino "gioca" con le proprie emozioni. Schiacciare, battere, sminuzzare, tagliare, costruire, distruggere, sporcarsi e sporcare, triturare e modellare aiutano il bambino a liberarsi di tensioni e impulsi aggressivi e distruttivi, restituendo al suo agire un significato positivo, piacevole e creativo. L'atto aggressivo si trasforma in un atto da mostrare, da apprezzare restituendo al bambino una parte di sé non solo distruttiva ma costruttiva. Egli impara a non aver paura delle proprie emozioni, a viverle e a contenerle attraverso l'azione. Anche nel gioco di drammatizzazione i bambini fanno pratica di comprensione emotiva (Youngblade e Dunn, 1995). Si pensi alla situazione in cui uno finge di essere un bambino arrabbiato e l'altro assume il ruolo della madre che lo deve calmare, in questa scena i bambini mettono in campo un repertorio complesso di connessioni causa-effetto e di conoscenze sulle emozioni, che affinano e rielaborano proprio nel momento stesso in cui si immedesimano in prospettive differenti. L'atto simbolico attualizza il desiderio, colma il vuoto, rende presente l'assenza. Tra le varie attività che si possono proporre per la promozione della competenza emotiva al nido gli educatori prediligono la narrazione. Essa infatti costituisce un'ottima base per parlare di emozioni; ha una funzione di alfabetizzazione emotiva, che è complementare alla socializzazione genitoriale (Zammuner, 2004; D'agostino e Grazzani Gavazzi, 2008), e costituisce un'occasione per promuovere un dialogo con il mondo e con se stessi. Le fiabe sono lo strumento migliore per promuovere la competenza emotiva dei bambini per diversi motivi:

- Il linguaggio della fiaba è sintonico rispetto al modo di sperimentare il mondo da parte del bambino (Von Franz, 1980). La fiaba parla con il linguaggio della fantasia e le spiegazioni sono dense di immagini, raccontarla significa sintonizzarsi col registro comunicativo del bambino.

- Il proposito della fiaba non è quello di parlare del mondo reale, ma di chiarire i processi interiori dell'individuo, accompagnando il bambino in una dimensione psicologica.

- Raccontando di emozioni, le fiabe permettono di familiarizzare con il vocabolario emotivo e di ampliare il proprio lessico psicologico, cosa che permette al bambino di esprimere in maniera più efficace le proprie esperienze interiori.

- Il bambino trova inoltre nei vari personaggi della fiaba simboli attraverso cui dare un nome alle emozioni, rendendole comunicabili. Ad esempio, le figure del lupo, della strega, o dell'orco permettono al bambino di dare forma ed esprimere le proprie paure. Un'ansia informe genera panico, mentre una paura circoscritta è più facile da comunicare e da gestire: se l'oggetto della propria paura (per esempio il lupo) viene nominato dalla voce di un adulto di riferimento che racconta la storia, allora il bambino può sfidarlo senza paura.

- La trama delle fiabe, semplice e lineare, consente al bambino di focalizzarsi sulle relazioni causa-effetto tra eventi, emozioni, comportamenti, conseguenze, aumentando le abilità di comprensione emotiva.

- Il bambino, grazie alla fiaba, impara a familiarizzare e a mettere ordine nel proprio mondo interiore. Nella fiaba sono ricorrenti le dicotomie tra il bene e il male, i personaggi sono caratterizzati in modo nitido, senza sfumature; la fiaba semplifica tutte le situazioni e ciò consente al bambino di proiettare sui vari protagonisti aspetti di sé contraddittori. Il bambino ha infatti bisogno di separare dentro di sé quei pensieri e quelle emozioni che considera "buone" da quelle "cattive".

L'educatore che decide di lavorare con narrazioni o fiabe emotive deve innanzitutto prestare attenzione alla scelta del racconto che, dovrebbe essere il più possibile focalizzato su una emozione, seguire lo schema narrativo tipico della fiaba e che sia accompagnato da immagini che rendano riconoscibile l'emozione. Di seguito, raccontare le fiabe trasmettendo al bambino il piacere della partecipazione emotiva. Anche nel caso in cui l'adulto preferisca leggere, è bene ricordare che ottimale è la situazione in cui non si legge al bambino, ma si legge con il bambino (Valentino Merletti, 1996). Il terzo passaggio è quello di predisporre attività ad hoc (es. drammatizzazione, espressione artistico-pittorica e infine rilassamento). Il quarto step è quello di creare continuità, magari lasciando portare a casa qualche libretto da leggere insieme ai genitori. L'ultimo step è quello di ri-narrare il percorso tenere memoria e documentare tutto lo svolgimento di questo progetto, l'educatore restituisce ai bambini (ma anche ai colleghi, alle famiglie e a se stesso) una nuova narrazione. Il gioco e la narrazione hanno quindi una valenza catartica per il bambino, sono canali attraverso cui egli esprime i propri bisogni, gli stati emotivi, la loro comunicazione e liberazione, della condivisione e dell'adeguatezza espressiva. La pedagogia del nido quindi si fonda sulle emozioni, ne tiene conto nella piena consapevolezza rispetto al ruolo che giocano, non solo per quanto riguarda la crescita del bambino ma anche nello stesso processo di apprendimento. L'evento emotivo è parte integrante e centrale dell'intervento educativo, sia perché base della relazione educativa, sia perché il processo di conoscenza nell'età evolutiva è sempre mediato dall'adulto. La "Pedagogia delle emozioni" (Contini, 1992) deve considerare due dimensioni particolari: da un lato la centralità dell'emozione nel rapporto educativo (educare con le emozioni), dall'altro l'educazione emotiva del bambino (educare alle emozioni). Per centralità delle emozioni si intende la consapevolezza della funzione delle emozioni personali nella relazione educativa e la considerazione, il rispetto, l'attenzione e la cura dello stato emotivo del bambino, anche di quello più incomprensibile, la sua accoglienza e contenimento. L'asilo nido quindi ha una valenza significativa per il bambino tanto che, diventa per il piccolo, un'altra "base sicura" e questo può rappresentare un fattore di protezione anche nei confronti di eventuali legami di attaccamento insicuri stabiliti tra madre e bambino. Il bambino infatti può stabilire relazioni di attaccamento molteplici e organizzate secondo una gerarchia (Bowlby, 1969) tanto che, si può parlare di attaccamenti multipli (Cassibba, 2003). La relazione con l'educatore di nido può essere considerata a tutti gli effetti una relazione di attaccamento (Cassibba e D'Orico, 2000), a condizione che risponda a determinati requisiti, cioè che sia caratterizzata da continuità e che garantisca una risposta di cura sensibile. L'educatore ha la possibilità di offrire una chance relazionale per il bambino, agendo in complementarietà, o persino in compensazione, rispetto al legame mamma-bambino. Nel caso di attaccamenti madre-bambino di tipo insicuro, incontrare al nido uno stile relazionale alternativo può avere una ricaduta positiva anche in famiglia: sperimentare sistematicamente risposte appropriate e contingenti ai propri bisogni può modificare il sistema di aspettative del bambino, incidendo sull'immagine di Sé e dell'Altro. Numerosi studi dimostrano che poter contare sull'educatore di nido come "base sicura" facilita l'esplorazione autonoma del contesto nido da parte del bambino e ha un effetto positivo anche sulle abilità sociali nella relazione con i pari (Howes et al., 1994; Cassibba, 2003). L'educatore deve poter essere uno strumento di rielaborazione per il bambino, una sorta di "dizionario emotivo ausiliario": deve offrirgli la possibilità di dare senso a ciò che capita, chiarire il motivo sottostante alle reazioni e ai comportamenti. Infine, l'educatore può diventare un mediatore emozionale tra il bambino e il genitore, sostenendo quest'ultimo nella sua capacità di decodificare lo stato emotivo del bambino. In questo senso sono occasione privilegiata i momenti di incontro a tre come il momento dell'accoglienza quotidiana o il ricongiungimento. Può capitare infatti che nel momento in cui il bambino debba lasciare la mamma per entrare al nido cada nello sconforto e nella disperazione, bisogna allora innanzitutto cercare di tranquillizzare il bambino, poi tranquillizzare la mamma che deve lasciare la struttura consapevole del fatto che il bambino starà bene e non passerà la sua giornata disperato a piangere. Un esempio negativo è quando magari un genitore accompagna il bambino al nido e scappa via nel primo suo momento di distrazione, per non farlo piangere. Questo potrebbe sembrare una strategia efficace per il genitore per non far piangere il bambino, in realtà facendo così non si permette al bambino di comprendere la cosa e passerà la sua giornata pensando a dov'è il genitore e a quando tornerà a prenderlo. L'educatore allora deve spiegare al genitore quali siano le strategie migliori per permettere al bambino un serena entrata al nido e un sereno ricongiungimento.

3.6 Il lessico emotivo nella prima infanzia

Oltre alla comunicazione non verbale, un altro canale comunicativo fondamentale per esprimere e trasmettere messaggi emotivi è costituito dalle parole. Saarni (1999) individua nella capacità di utilizzare un vocabolario emotivo una delle componenti emotive, che si correla anche alla competenza sociale, in quanto i bambini che sono competenti nell'uso del vocabolario emotivo sono avvantaggiati socialmente. Secondo l'autrice, la possibilità di rappresentare l'esperienza emotiva attraverso le parole (ma anche immagini e simboli) permette il raggiungimento di due obiettivi: la comunicazione ad altri del proprio vissuto, al di là di limiti di tempo e spazio, e una rielaborazione del vissuto stesso, grazie all'uso di rappresentazioni mentali. Quando il bambino utilizza il linguaggio per esprimere le sue emozioni dimostra una capacità cognitiva, quella di utilizzare immagini o rappresentazioni mentali al posto delle azioni. Quando un bambino afferma che è arrabbiato, invece di dare calci o picchiare, segnala di essere in grado non solo di vivere l'emozione, ma anche di essere consapevole dell'idea di quella emozione. La verbalizzazione delle emozioni trova la sua prima origine nel periodo preverbale, ma è alla fine del secondo anno di vita che i bambini cominciano ad utilizzare le parole per definire le emozioni (Ridgeway et al., 1985; Baumgartner et al., 2000). Tra i 18 e i 20 mesi i bambini sanno già etichettare alcune situazioni emotive; il lessico emotivo si compone inizialmente di parole isolate che indicano le emozioni primarie come "felice, triste, spaventato, arrabbiato", in seguito imparano a fare uso di termini più complessi legati a esperienze di sorpresa, odio, amore e così via (Bretherton e Beeghly, 1982; Dunn et al., 1987; Camaioni e Longobardi, 1997). Inizialmente i bambini parlano solo delle proprie emozioni successivamente, verso i 2 anni e mezzo, imparano a parlare anche delle emozioni altrui (Wellman et al., 1995). Tra il secondo e il terzo anno di vita si osserva una rapida espansione del vocabolario emotivo infantile. Verso i due anni e mezzo-tre i bambini iniziano a collegare l'emozione all'evento che l'ha provocata (es. Sono triste perché...) e a fare connessioni tra emozioni e azioni conseguenti (es. Ero spaventato quindi...). Secondo Brazelton e Greenspan, «la capacità di gettare un ponte tra un'idea e l'altra, a un livello emotivo, sta alla base di tutto il pensiero logico a venire. Il pensiero logico più astratto poggia su questo primo pensiero di causa-effetto: in realtà il pensiero emotivo è alla base di tutto il pensiero futuro». Numerosi studi mettono in connessione l'uso del vocabolario emotivo e la comprensione delle emozioni: parlare del proprio mondo interno sembra favorire l'acquisizione di una teoria della mente.

Capitolo 4
Emozioni e disabilità a scuola

4.1 Introduzione

Come educare i bambini disabili a gestire le proprie emozioni in maniera più funzionale? Come aiutare i bambini disabili a stare bene con se stessi e gli altri? Cos'è l'alfabetizzazione emotiva e quali sono le sue applicazioni nella disabilità? L'educazione emotiva, ovvero, l'alfabetizzazione emotiva, permette ai bambini di esplorare il proprio mondo, fatto di valori, sentimenti, apprendimenti ed emozioni e di poterli confrontare con quelli degli altri. Il processo di educazione emotiva deve essere inteso come una strategia di prevenzione del disagio emotivo, che costituisce, un vero e proprio lavoro di "alfabetizzazione emozionale", utilizzando l'espressione coniata da alcuni psicologi statunitensi. Si tratta di un percorso attraverso il quale si cerca di educare la mente del bambino al potenziamento di quell'aspetto dell'intelligenza che è in grado di favorire reazioni emotive equilibrate e funzionali. Ciò permette di apprendere l'esistenza di una diversità individuale, che li possa aiutare a crescere nella tolleranza e nella stima reciproca e li aiuti a comunicare i propri pensieri e a rispettare le regole della convivenza civile e democratica. Il fattore emozione costituisce pertanto l'elemento centrale, intorno al quale è possibile organizzare e sviluppare competenze educative comprendenti la conoscenza di sé, la comunicazione e l'ascolto, le capacità relazionali e le abilità di aiuto e infine, le strategie di gestione del disagio sociale, fisico e psichico.

4.2 La scuola come esperienza relazionale

La scuola rappresenta il luogo in cui i nostri bambini trascorrono gran parte della loro vita, e si pone come campo di esperienza relazionale e comunitaria; per bambini che presentano delle disabilità rappresenta anche un luogo fertile per l'integrazione e lo sviluppo dell'autonomia con gli altri ragazzi. Per questo è importante nel contesto scolastico distinguere le emozioni negative, da quelle positive, spingendo i bambini ad attivare strategie di problem-solving per superare paure, ansie, vergogna, senso di inferiorità, oltre che a sviluppare l'autostima e una percezione positiva di Sé. Promuovere attività che potenzino l'intelligenza del cuore, tramite la riflessione, l'autocontrollo e l'individuazione di percorsi di vita possibili e coerenti, può consentire a tutti i bambini, ma in modo particolare a bambini con handicap, di essere promotori del proprio e dell'altrui benessere, attraverso l'assunzione di ruoli, ispirati ad una didattica orientativa, in grado di fornire processi di crescita e di sviluppo. Elaborare dei programmi di alfabetizzazione emotiva all'interno delle scuole, consente di avvicinarsi alle problematiche inerenti l'handicap e la riabilitazione, fornendo chiavi di lettura adeguate nel responsabilizzare tutti gli attori coinvolti all'interno della classe. Tutti gli operatori sociali, i genitori, gli insegnanti e gli studenti, dovrebbero concentrarsi sul vissuto emotivo della vita di un bambino che presenta delle disabilità, come ad esempio il dolore e la frustrazione provocati dal sentirsi esclusi, dall'invidia, dai contrasti con il gruppo dei pari, dal senso di inferiorità o dalla non accettazione della propria diversità. Le competenze emozionali, offrono all'insegnante la possibilità di rilevare e di intervenire nelle situazioni di disagio, disadattamento e handicap in classe, con strumenti psicopedagogici diretti a promuovere il benessere e tutte le potenzialità di crescita individuali e del gruppo classe. I benefici dell'educazione emotiva assumono di conseguenza molta importanza nel regolare l'equilibrio interiore, favorendo una maggiore tolleranza delle disarmonie dello sviluppo e di una migliore gestione della conflittualità in ambito scolastico tra i ragazzi. Per consentire una reale e costante integrazione dei bambini con disabilità gravi o con disabilità aggiuntive, è necessario comprendere gli stati emotivi di queste persone e il loro modo di esprimerle, modalità che non sempre utilizzano i canali privilegiati da tutto il resto della classe, ma che spesso sono fatte di: irrigidimenti, spasmi, stereotipie ed isolamenti. Imparare a leggere questi, e molti altri comportamenti, può migliorare la permanenza dei nostri bambini nelle scuole, ma anche in casa. Esprimere, riconoscere, controllare e indirizzare socialmente e positivamente le emozioni, può costituirsi tra gli insegnamenti di base. Negli ultimi anni si è tanto parlato di "intelligenza emotiva" proprio per indicare l'esistenza di due menti semi-indipendenti: una emozionale e l'altra razionale; è un peccato potenziare tanto la seconda a discapito della prima, ed è un errore che forse non vogliamo più commettere. Infine, si può ritenere che la dimensione emozionale rappresenti per il futuro della scuola la nuova frontiera. Scoprire lo spazio interiore emozionale, potrà consentire di valorizzare ogni diversità e formare esseri umani completi, in un clima di libera espressione e di maggiore accettazione.

4.3 Metacognizione e didattica

La "metacognizione" è la consapevolezza da parte di un individuo della propria capacità e dei propri processi cognitivi. In pratica è la conoscenza che abbiamo del funzionamento della nostra mente e di quella altrui. Un sapere consapevole che ci permette di capire quali sono i meccanismi che la regolano e la controllano. Conoscere, per quanto possibile, come funziona la nostra mente ci rende coscienti di quello che facciamo e dei meccanismi che applichiamo per raggiungere un certo risultato o risolvere un problema. Per un bambino con bisogni educativi speciali, essere cosciente di quello che sta facendo, di come recuperare le conoscenze già in suo possesso, di individuare la strategia giusta per risolvere un problema, di sapere quali sono i limiti delle sue capacità e trovare i giusti strumenti per affrontarli, significa diventare uno studente di successo, motivato e con una buona visione di sé.

4.4 Il caso di Giulia

Faccio subito un esempio pratico: supponiamo che Giulia abbia difficoltà di attenzione e sia anche un po' impulsiva. Per semplicità, colloco la bambina in un contesto di scuola Primaria. Il compito che deve eseguire è un tema sulla gita effettuata con la classe. La consegna indica chiaramente i punti da affrontare: la destinazione, il motivo della scelta di quella località, lo svolgimento della giornata, le emozioni e la valutazione. Giulia sa di avere qualche difficoltà con i temi perché sono lunghi (e lei si stanca subito!), ci sono troppe cose da scrivere e si perde. In più tende ad andare subito al cuore della questione e a non soffermarsi sull'introduzione e sulla conclusione. Giulia, però, è stata aiutata a conoscere come funziona la propria mente, conosce esattamente i suoi punti di debolezza e quelli di forza e agirà consapevolmente di conseguenza. Farà uno schema dove indicherà cosa scrivere nell'introduzione (il dove e il perché della consegna) e nella parte finale (emozioni e valutazione) perché sa che rischierà di dimenticarle. Quindi, si occuperà di ragionare su cosa scrivere nello svolgimento per non essere troppo prolissa e non fare un tema troppo lungo (Giulia sa che si stancherebbe e non arriverebbe alla fine!). Infine, ogni volta che avrà scritto una parte, andrà a cancellarla dallo schema in modo da sapere sempre a che punto si trova. Giulia avrà così ottenuto un tema completo, omogeneo e della giusta lunghezza. Non si sarà stancata eccessivamente e grazie allo schema sarà sempre riuscita a riportare l'attenzione sul compito. La maestra le darà una buona valutazione: ci guadagnerà l'autostima e la motivazione a riprovarci. La didattica metacognitiva, quindi, si rivolge non tanto al come si fa a fare un tema, ad insegnare la regola, a fare un esperimento, quanto al formare delle abilità di autoregolazione che renderanno il ragazzo in grado di gestire in autonomia i propri processi di apprendimento.

4.5 Elementi della didattica metacognitiva

Innanzitutto, didattica metacognitiva è un tipo di didattica che, anche se negli ultimi anni si è dedicata in modo particolare a soggetti con necessità educative speciali, può essere utilizzata in modo trasversale su tutti i ragazzi. Anche noi genitori o tutor, possiamo potenziare questo approccio che interviene su 4 livelli diversi strettamente connessi tra di loro.

- Conoscenza del funzionamento della mente. In questo primo step si danno notizie e dati (e si fanno emergere le conoscenze che il bambino ha già) su come funziona la mente umana: la nostra e quella altrui. Si impara quali tipi di memoria esistono, come funzionano, quali sono le strategie che noi possediamo per migliorarne la prestazione. Lo stesso lavoro si fa sugli altri aspetti quali la percezione, le emozioni, le abilità logiche e di ragionamento e i vari tipi di apprendimento.

- Autoconsapevolezza del proprio funzionamento cognitivo. Il secondo passo è quello di passare dalle conoscenze teoriche a quelle più strettamente individuali e personali: io, come ricordo?, come valuto?, fin dove riesco a stare attento? È un passaggio fondamentale perché collega la teoria al concreto utilizzo della propria mente e i suoi riflessi sui comportamenti. Possiamo così renderci conto dei punti di forza e di debolezza.

- Uso delle strategie di autoregolazione. A questo punto il ragazzo controlla i propri processo cognitivi: conosce i suoi limiti, ma anche i suoi punti di forza e può attivare strategie per ricordare un elenco o fare un riassunto. In pratica sarà in grado di riconoscere il tipo si situazione che ha davanti, ricordare la sequenza da mettere in pratica per affrontarla, valutare e darsi degli aiuti concreti (schema, disegno) e osservare i progressi fatti.

- Variabili psicologiche derivate da questo processo. L'aver imparato ad autoregolarsi, ad applicare delle strategie (e scoprire che funzionano) ha delle ripercussioni positive anche sul versante psicologico delle emozioni, dell'autostima e della motivazione che è la grande spinta che ci aiuta a raggiungere obbiettivi e successi.

L'utilizzo della didattica metacognitiva è un grande valore aggiunto all'inclusione in quanto si può utilizzare nelle normali attività curriculari senza dover individualizzare la didattica per i BES in quanto è un approccio, un modo di fare scuola, che si rivolge all'intera classe.

Capitolo 5
L'intelligenza emotiva come prevenzione del disagio a scuola

di Vittoria Smaldone

5.1 Introduzione

La scuola, in un'ottica di prevenzione, ci può aiutare in questo compito. In un clima favorevole alla crescita, l'apprendimento è più profondo, procede più rapidamente, in quanto nel processo è investita l'intera persona, con sentimenti e passioni al pari dell'intelletto (Rogers, 1978). A scuola, appare evidente il ruolo centrale che i processi affettivi giocano nell'organizzare l'esperienza e il comportamento. In ultima analisi, "non si dà apprendimento senza gratificazione emotiva" (Galimberti, 2001).

5.2 La scuola come contesto di prevenzione

L'analfabetismo emozionale rappresenta un fattore di rischio e pericolo per la società. L'esclusione o la marginalizzazione nei programmi scolastici di spazi da destinare alla formazione emozionale, è un indicatore negativo che può spiegare l'impotenza delle istituzioni scolastiche di fronte all'aumento delle difficoltà e del disagio, oltre all'insorgenza di alcuni disturbi fra gli adolescenti e i bambini (Mariani, 2001). Il disagio giovanile, rilevabile in ambito scolastico, è inquadrato in "un insieme di comportamenti disfunzionali (scarsa partecipazione, disattenzione, comportamenti prevalenti di rifiuto e di disturbo, cattivo rapporto con i compagni, ma anche assoluta carenza di spirito critico), che non permettono al soggetto di vivere adeguatamente le attività di classe e di apprendere con successo, utilizzando il massimo delle proprie capacità cognitive, affettive e relazionali". (Mancini e Gabrielli, 1998). La sofferenza psicologica, come evidenziato dalle ricerche in questo settore, può comportare stress, ricollegabile alle prestazioni scolastiche, comportamenti di angoscia e insicurezza, problemi di comunicazione, sintomi di tensione e assunzione di sostanze psico-attive (Baraldi e Turchi, 1990). Tutto ciò può sfociare in fenomeni rilevanti come bullismo, difficoltà d' apprendimento, deficit di attenzione e iperattività o rifiuto della scuola; tali fenomeni rendono ancora più visibile l'impotenza dei genitori e degli insegnanti. Goleman, in "Intelligenza emotiva", riporta l'esperienza di una scuola di San Francisco, con quindici alunni di quinta elementare. In questa scuola viene proposto un programma di alfabetizzazione emotiva; si richiede che "gli insegnanti e gli studenti si concentrino sul tessuto emozionale. La strategia consiste nell'utilizzare come argomento del giorno le tensioni e i traumi presenti nella vita dei bambini. Gli insegnanti parlano di questioni concrete: del dolore di sentirsi esclusi, dell'invidia e dei contrasti che potrebbero sfociare in una zuffa nel cortile della scuola" (Goleman, 1995). I programmi di alfabetizzazione emotiva proposti nell'ambito della prevenzione, hanno come obiettivo quello di consentire un'adeguata gestione dei sentimenti.

5.3   Le cinque aree della competenza emotiva

Le finalità dello sviluppo dell'intelligenza emotiva riguardano pertanto la conoscenza, l'acquisizione e la realizzazione delle competenze emotive relative a cinque aree: Consapevolezza di sé, Autocontrollo, Motivazione, Empatia, Abilità sociali. Nello specifico:

- Consapevolezza di sé: conoscere in ogni istante i propri sentimenti e le proprie preferenze e usare questa conoscenza per guidare i processi decisionali; avere una valutazione realistica delle proprie abilità e fiducia in se stessi.

- Autocontrollo: gestire le proprie emozioni in modo che facilitino il compito in corso invece di interferire; essere coscienziosi e capaci di rimandare le gratificazioni per perseguire i propri obiettivi; saper ben fronteggiare la propria sofferenza emotiva.

- Motivazione: usare le proprie preferenze più intime per spronare e guidare se stessi al raggiungimento dei propri obiettivi, come pure per aiutarsi a prendere l'iniziativa; essere altamente efficienti e perseverare nonostante insuccessi e frustrazioni.

- Empatia: percepire i sentimenti degli altri, essere in grado di adottare la loro prospettiva e coltivare fiducia e sintonia emotiva con un'ampia gamma di persone fra loro diverse.

- Abilità sociali: gestire bene le emozioni nelle relazioni e saper leggere accuratamente le situazioni sociali; interagire fluidamente con gli altri e usare queste capacità per guidarli, per ricomporre dispute, come pure per cooperare e lavorare in equipe.

L'autoconsapevolezza rappresenta un aspetto centrale per capire la propria vita affettiva e favorire nel bambino tale consapevolezza, determina un consolidamento della capacità di valutare e regolare meglio quello che accade quando si è preda di un'emozione intensa e distruttiva. Questo nuovo punto di partenza nell'introdurre l'alfabetizzazione nelle scuole fa delle emozioni e della vita sociale vere e proprie materie di insegnamento cosicché questi aspetti tanto rilevanti della vita quotidiana dell'alunno non vengono più considerati come intrusioni non pertinenti né come occasionale materia disciplinare. Le lezioni possono apparire piatte, inadeguate a offrire una soluzione ai problemi che affrontano, ma sono assai significative. L'apprendimento emozionale mette le radici e fruttifica, dando risultati in futuro. In sintesi, il repertorio comportamentale dell'uomo, secondo Goleman, è in buona parte determinato dalle emozioni. L'esigenza di progettualità, d'altra parte, trova spiegazione e conferma nelle più recenti ricerche psicologiche nell'ambito del disagio che sottolineano la necessità di offrire interventi sistematici di supporto e consulenza ai giovani (Mariani, 2003). Ciò deve avvenire proprio in riferimento alle problematiche della fase "autonoma e prolungata" dell'adolescenza, caratterizzata dall'attivazione di stati emozionali intensi, di sofferenza. Fondamentale è "essere nella prevenzione" in quanto ci permette di costruire validi e profondi rapporti con i bambini e i giovani, antidoti del disagio. Sintonizzarsi con gli alunni e con i figli, offrire loro le parole che identificano quello specifico stato emotivo, condividere il significato di ciò che sentono e di conseguenza analizzare le problematiche connesse e le possibili soluzioni è un'azione altamente educativa. Costituisce, infatti, un'occasione di riflessione e di confronto con sé e con l'altro, diminuendo il rischio di perdersi nella "sicurezza" offerta da qualsiasi forma di dipendenza (Mencaroni, 2013).

Capitolo 6

L'intelligenza emotiva e il successo a scuola

di Claudio Lombardi

6.1 Ruolo delle "life skills" nella scuola e nella vita

La società attuale richiede sempre di più agli individui competenze complesse per ricoprire mansioni lavorative e per affrontare le richieste che provengono da ogni parte. L'Organizzazione Mondiale della Sanità (OMS), già nel 1993, ha sollecitato le istituzioni, a partire da quella scolastica, a promuovere le "Life skills", quelle abilità sociali necessarie ai giovani per adattarsi, nel miglior modo possibile, al proprio ambiente di vita. Esse riguardano diverse competenze:

- emotive, come la gestione delle emozioni, dell'empatia, della gestione dello stress, dell'autocontrollo;

- relazionali, come la comunicazione efficace;

- metacognitive, come l'autoconsapevolezza, l'conoscenza di sé, il senso critico;

- cognitive, come il problem solving, il decision making.

E la scuola sembra rispondere bene a tali sollecitazioni, sempre più attenta alle differenze individuali, alle esigenze degli studenti, alla loro sfera emotiva e non solamente all'apprendimento tout court, impegnandosi ad individuare, nel percorso didattico, le potenziali aree di difficoltà e ad approntare interventi mirati a livello cognitivo e affettivo-relazionale. Inoltre, gli studiosi di tali tematiche cominciano a prestare attenzione a determinati processi cognitivi, come, ad esempio, il decision making, anche in ambito scolastico e non soltanto in relazione al lavoro e alla carriera. Dal canto loro, le scuole, nella consapevolezza dell'importanza dei fattori psicologici che rappresentano parte integrante del processo di apprendimento, chiedono sempre più aiuto a tali esperti per realizzare percorsi di formazione volti soprattutto a sviluppare negli alunni le competenze necessarie per l'autopromozione e l'autodeterminazione lungo l'intero arco della vita.

6.2 Ruolo dei fattori emotivi nei processi decisionali

Le caratteristiche individuali di ogni studente (abilità, conoscenze, atteggiamenti, motivazioni) determinano profondamente il processo di apprendimento; esse possono facilitarlo oppure ostacolarlo fino a condurre lo studente verso l'insuccesso scolastico. Se uno studente si lascia dominare dall'ansia, dalla paura di fallire, dalla scarsa fiducia in se stesso avrà probabilmente serie difficoltà ad orientare il suo comportamento verso gli obiettivi che vorrebbe raggiungere. Questa prospettiva sembrerebbe essere confermata anche su un piano prettamente neurofisiologico: studi effettuati dal neurologo portoghese António Rosa Damásio, nel 2005, dimostrerebbero che la maggior parte delle nostre scelte e delle nostre decisioni non sono solo il risultato di una attenta disamina razionale. In molti casi, infatti, le facoltà razionali verrebbero affiancate e condizionate dalla componente emotiva, la quale costituirebbe una sorta di "scorciatoia" per raggiungere una conclusione adeguata nei tempi giusti. La componente emotiva coinvolta nelle decisioni sarebbe, anzi, determinante nei casi in cui queste riguardano la nostra persona o coloro che ci sono vicini. Del resto, sono anni, ormai, che gli studiosi concordano nel ritenere che, oltre a essere dotato di intelligenza razionale, l'uomo ne possiede una "emotiva", la quale consente all'individuo di processare informazioni cariche da un punto di vista emotivo, di usarle per compiere particolari attività cognitive (ad esempio, il problem solving e il decision making) e di compiere azioni adeguate alle situazioni, con un processo che di adattamento contesto sociale che favorisce l'autorealizzazione e il benessere individuale. Nel corso degli anni molte ricerche si sono dedicate ai fattori emotivi implicati nel comportamento umano, in generale, e degli studenti in particolare, analizzando fattori quali: concetto di sé e senso di autoefficacia, convinzioni di controllo e attribuzioni di causa, processi di pensiero più o meno funzionali e altre variabili emotivo-motivazionali che concorrono al successo o al fallimento scolastico. Molti studi hanno dimostrato che le modalità di approccio e di risposta alle sfide in ambito scolastico influenzano il successo sia a scuola. Una buona motivazione, l'ottimismo, la caparbietà, la concentrazione e adeguate strategie di studio favoriscono la riuscita scolastica e la soddisfazione personale. Queste variabili e le relative conseguenze diventano determinanti per gli obiettivi futuri che lo studente si pone; infatti, ripetuti fallimenti aumentano l'ansia e inducono all'evitamento del compito, mentre il successo scolastico incoraggia l'individuo a trovare modalità efficaci per affrontare le sfide future.

6.3 Ruolo delle variabili contestuali

La ricerca sugli aspetti legati allo sviluppo delle competenze scolastiche e sociali dei giovani si focalizza, generalmente, non soltanto sulle variabili individuali ma anche sulle interazioni esistenti tra contesto ambientale e funzionamento comportamentale dell'individuo. Gli studiosi si sono interessati, principalmente, al ruolo svolto dai "fattori protettivi" in situazioni stressanti. Tra questi fattori, il supporto sociale è considerato uno dei più rilevanti; esso riveste molta importanza soprattutto durante l'infanzia, in quanto, in questo periodo, le esperienze vissute nel contesto familiare e in quello scolastico svolgono un ruolo fondamentale nello sviluppo del concetto di sé. Se l'ambiente non fornisce un adeguato supporto e se, a sua volta, sono presenti disfunzioni nelle caratteristiche psicologiche dell'individuo, come la scarsa autostima, è abbastanza probabile che venga inficiata la capacità di quest'ultimo di attivare adeguate strategie di "coping" per fronteggiare situazioni stressanti.

Il processo di adattamento scolastico e sociale di ogni individuo è, quindi, determinato da fattori individuali e variabili contestuali, proprie dell'ambiente che circonda il soggetto. La prestazione in un compito sarebbe influenzata da complessi fattori strettamente collegati tra loro come: le convinzioni del soggetto circa le proprie capacità di riuscire a svolgere correttamente la prova, il livello di motivazione (che, spesso, è indotto principalmente da variabili ambientali, come le aspirazioni dei genitori), in particolare la motivazione intrinseca, l'importanza attribuita all'impegno personale e il valore che la cultura di provenienza conferisce al successo. Se tra questi fattori si instaura un circolo vizioso, caratterizzato da disfunzioni in uno o più elementi, la situazione di apprendimento si farà complessa, determinando, con molta probabilità, l'insuccesso scolastico.

6.4 Differenze individuali e decision making

Molti studiosi hanno approfondito il problema dell'indecisione di molti giovani circa il proprio futuro professionale. Hanno riscontrato che gli individui con alti livelli di ansia, pensieri negativi su sé stessi e problemi identitari hanno maggiori difficoltà a scegliere il proprio percorso di studi rispetto ai loro coetanei che non presentano tali caratteristiche. Numerosi studi si sono concentrati sulla relazione esistente tra le caratteristiche di personalità sopra descritte e il processo di decision making. In particolare, Saka e Gati, nel 2007, hanno elaborato una tassonomia prendendo in considerazione le tre variabili che sono maggiormente correlate al decision making: il pessimismo, l'ansia e il concetto di sé/identità. Il cluster "visione pessimistica" riguarda percezioni disfunzionali e distorsioni cognitive negative su di sé e sul mondo; il cluster "ansia" fa riferimento all'ansia provocata dal processo decisionale e dalle possibili conseguenze negative, le quali, a loro volta, possono inibire le decisioni future; infine, il cluster "concetto di sé e identità" è costituito da difficoltà di ordine decisionale che coinvolgono caratteristiche della personalità più profonde e pervasive del singolo. Nel loro studio, gli hanno riscontrato correlazioni significative tra indecisione e concetto di sé, autostima e ansia di tratto; inoltre, le difficoltà riscontrate dai soggetti presi in esame perduravano nel tempo, ostacolando le decisioni future.

6.5 Adolescenza e scelte

Se compiere scelte funzionali rappresenta un compito complesso per chiunque, a qualsiasi età, lo è ancora di più nella fase adolescenziale, che rappresenta un periodo di transizione e di "crisi" vera e propria. L'adolescente, infatti, deve e vuole dimostrare di essere in grado di compiere le scelte migliori per il proprio futuro in maniera autonoma, senza lasciarsi condizionare dagli altri, e, in più, in uno scenario sociale abbastanza "confuso". Nello stesso tempo, deve misurarsi con varie paure (di fallire nel compiere le proprie scelte, di essere deluso dagli altri, ecc.) e vari problemi (insuccesso scolastico, difficoltà ad instaurare relazioni interpersonali, ecc.). A conferma di ciò, da una ricerca volta ad indagare i problemi maggiormente percepiti da adolescenti di età compresa tra i 15 e i 18 anni, è emerso che le difficoltà principali riguardano: il successo scolastico, le relazioni con coetanei e genitori, carenti abilità sociali, ostacoli nel perseguire obiettivi e aspirazioni personali, scarsa fiducia nei confronti di se stessi e delle proprie capacità. In particolare, relativamente alla scelta scolastica, molti giovani si mostrano indecisi ed insicuri, tendendo a compiere attribuzioni esterne (ovvero, sostengono che il futuro dipende dal caso o da eventi non controllabili), ad avere scarsa fiducia nelle proprie abilità decisionali e a mettere in atto strategie decisionali inadeguate (procrastinazione ed evitamento della decisione). Analizzando in maniera più dettagliata alcuni dei fattori individuali finora descritti, è facile comprendere come essi possano influenzare il processo decisionale di un individuo. Il senso di autoefficacia, ad esempio, è un costrutto basilare in diversi ambiti della vita quotidiana; esso produce effetti sui processi cognitivi, motivazionali, di scelta e affettivi influenzando, quindi, pensieri, emozioni e azioni degli individui. Lo psicologo canadese Albert Bandura è lo studioso che maggiormente si è occupato del costrutto di self-efficacy; egli ha ipotizzato che le convinzioni di efficacia, definite come «l'insieme dei giudizi personali in merito alle proprie capacità di organizzare ed eseguire il corso di azioni necessario ad ottenere i livelli di prestazioni educative prefissati», influenzano il livello di impegno impiegato, la costanza e la scelta degli obiettivi da portare a termine. I soggetti con un alto livello di self-efficacy, infatti, saranno più motivati, si impegneranno in maggior misura e reagiranno con maggiore tenacia alle difficoltà, rispetto a quelli che non credono nelle proprie capacità. Le modalità di codifica delle informazioni e la scelta, da parte del soggetto, di strategie che siano adeguate a specifiche situazioni possono essere influenzate, oltre che dal proprio senso di auto-efficacia, sia da deficit cognitivi riguardanti il processo di elaborazione dei feedback ambientali sia da valutazioni personali distorte. I pensieri disfunzionali rappresentano convinzioni, sistemi di valutazione degli eventi e delle persone che influenzano negativamente la capacità di affrontare situazioni problematiche e/o stressanti, ostacolando un uso adeguato delle risorse mentali. Alcune tipiche forme di ideazioni disfunzionali sono le seguenti: pretese eccessive su sé stessi ("Io devo fare le scelte giuste ed ottenere l'approvazione degli altri, altrimenti non valgo niente"), sugli altri ("Gli altri si devono comportare come io ritengo sia conveniente, altrimenti sono ingiusti") e sulle condizioni di vita ("Ciò che mi accade deve essere come io voglio che sia, altrimenti la vita è insopportabile"); catastrofizzazioni (ingigantire eventi spiacevoli, vissuti come insopportabili; generalizzare); interpretazioni sbagliate (errata attribuzione di intenzioni altrui: "Lo ha fatto di proposito; ce l'ha con me"); svalutazione di se stessi e degli altri. Una elevata frequenza di pensieri disfunzionali favorisce l'attivazione di stati emotivi negativi: pretendere che tutto vada secondo i propri desideri e aspettative, a lungo andare, genera insoddisfazione, ostacolando la capacità personale di modificare le proprie strategie in relazione alla situazione che si presenta. Infatti, attivare adeguati processi di problem solving e decision making, in queste condizioni, diventa alquanto difficile. Le persone con un basso senso di autoefficacia, difronte a situazioni complesse, avranno difficoltà ad interpretare correttamente gli eventi e, di conseguenza, non attueranno adeguate strategie di problem solving e non riusciranno, quindi, ad esercitare un controllo sugli eventi, ritenuti guidati da cause esterne a se stessi; pertanto, altri fattori cognitivi coinvolti nel processo decisionale sono i processi di attribuzione di causa. La convinzione di riuscire a controllare i propri processi cognitivi (soluzione di problemi, presa di decisione, ecc.) e una adeguata capacità di individuare le cause dei propri successi e fallimenti rappresentano, infatti, delle risorse fondamentali per gli individui. Uno studente che, ad esempio, di fronte ad una decisione sbagliata, interiorizza l'accaduto come deficit personale ("non sono capace") è più esposto al rischio di depressione rispetto ad un altro che spiega l'insuccesso facendo ricorso a variabili che può controllare come, ad esempio, l'impegno ("ho riflettuto poco / sono stato un po' frettoloso"). Le aspettative sulle prestazioni future (compiti, decisioni, soluzioni a vari problemi, ecc.) degli studenti sono determinate dai loro giudizi circa la causa dei successi o insuccessi; cioè, se i soggetti attribuiscono i fallimenti ad un impegno insufficiente, accrescono la motivazione circa la prestazione, mentre se considerano l'incapacità la causa dell'insuccesso, la loro motivazione diminuisce. Come si può notare, sono importanti le ricadute che tutto ciò può avere sulla sfera emotiva del soggetto. Probabilmente questo si allontanerà intimidito dalle attività percepite come difficili e le considererà delle minacce personali; avrà basse aspirazioni e investirà uno scarso impegno nel raggiungimento degli obiettivi; di fronte a compiti difficili, indugerà considerando le proprie carenze personali, gli ostacoli che incontrerà e tutte le conseguenze avverse possibili, piuttosto che concentrarsi su cosa fare per riuscire; sarà difficile per lui recuperare il proprio senso di efficacia in seguito a insuccessi e regressioni; siccome attribuisce le prestazioni scadenti alla mancanza di capacità e doti personali, non avrà bisogno di molti insuccessi per perdere fiducia nelle proprie capacità. È molto probabile che, come conseguenza di questa spirale negativa, si verifichino ripetuti insuccessi scolatici che non faranno altro che aggravare il senso di impotenza del soggetto. Un basso rendimento scolastico, con le spiacevoli ricadute sul piano psicologico che ne derivano per lo studente, quindi, potrebbe ripercuotersi negativamente sulla capacità di compiere delle scelte per raggiungere i propri obiettivi. Questo processo circolare rischia di creare, nel ragazzo, un grave stato di malessere; inoltre può accadere che il soggetto diventi facile preda di ansia e depressione. In letteratura è stato più volte riportato lo stretto legame esistente tra problematiche sociali e scolastiche e depressione.

6.6 Decision making e l'impotenza appresa

In questa ottica, un campanello d'allarme è rappresentato senza dubbio da una forma di depressione che si può riscontrare tra gli adolescenti: l'impotenza appresa o acquisita (learned helplessness), ovvero un comportamento indifferente e incapace di apprendere, messo in atto da un soggetto se frequentemente sottoposto ad eventi stressanti incontrollabili e inevitabili. Di conseguenza, l'individuo si convincerebbe della improbabilità del verificarsi di avvenimenti positivi. Il soggetto, quindi, sarà sempre meno motivato a mettere in atto nuovi comportamenti per fronteggiare eventi negativi, mostrerà notevoli difficoltà ad individuare la stretta relazione tra il proprio agire e le conseguenze che ne derivano (controllo degli eventi), lasciandosi sopraffare da un senso di frustrazione. Risposte depressive che permangono nel tempo sembrano essere messe in atto più frequentemente dagli individui che tendono a lasciarsi dominare da una concezione negativa di se stessi. Applicando tali asserzioni al processo decisionale, è facile dedurre che si pone a rischio di depressione un adolescente che, di fronte ad una scelta rivelatasi inadeguata, ne attribuisce la causa alle proprie scarse capacità, mentre ritiene che a determinare il successo siano, per esempio, la fortuna, l'aiuto da parte di altri o la facilità della decisione da prendere. Ne consegue che mostrerà delle reticenze a prendere altre decisioni (livello motivazionale), che riterrà di non poter controllare il suo processo decisionale (livello cognitivo) e che si farà sopraffare da un senso di impotenza e frustrazione (livello affettivo-emotivo). Se poi questo stesso adolescente, ad esempio, presenta disturbi dell'apprendimento è molto probabile che sviluppi la learned helplessness, in quanto esposto a ripetuti fallimenti. Da quanto sinora descritto, si può facilmente comprendere come un adolescente che presenti una problematica come l'impotenza appresa, rischi di essere considerato uno "studente in situazione di handicap", un soggetto che, quindi, potrebbe essere incluso tra tutti gli altri studenti che presentano una qualche forma di disabilità. La conseguenza di ciò potrebbe essere l'impossibilità, da parte del soggetto in questione, di uscire da quel circolo vizioso in cui è incappato.

6.7 L'Intelligenza emotiva predice il successo?

Gli innumerevoli e variegati ambiti applicativi dell'IE hanno reso questa domanda sempre più popolare e affascinante da un punto di vista sia teorico che empirico. Diversi studi hanno messo in luce come persone emotivamente intelligenti siano a più basso rischio di sviluppare comportamenti devianti o antisociali, ricevano maggiore stima da parte dei loro coetanei, siano più presenti e supportivi di fronte alle difficoltà di un loro intimo, abbiano relazioni soddisfacenti con il partner o persone dell'altro sesso, gestiscano meglio le situazioni emotivamente intense, riducendo lo stress e le intrusioni ad esse associate, siano più responsabili e creativi, raggiungano più agevolmente ruoli dirigenziali o di leadership, ricevano promozioni e stipendi più remunerativi, e infine, ottengano un maggiore affermazione all'università. In merito a quest'ultimo ambito, diversi contributi hanno messo in luce come il successo accademico non sia vincolato alle sole competenze didattiche e/o cognitive ma anche, e soprattutto, a competenze di natura sociale ed emozionale. Relativamente al successo in ambito universitario, all'avvio di un percorso di studi ogni studente si chiede se riuscirà a conseguire la laurea (o diploma universitario) nei tempi stabiliti dai singoli percorsi di formazione. La predizione di successo accademico, come ha provato uno studio condotto da James Parker e collaboratori della *Trent University* (Ontario, Canada) su un campione di 1.500 studenti, non dipende solamente da abilità di tipo cognitivo ma anche da diverse dimensioni emozionali che lo studente possiede. Infatti, il passaggio dal mondo delle scuole superiori al mondo universitario è una fase complessa e delicata, vissuta da molti ragazzi come una situazione emotivamente stressante. In questa fase di transizione sono fondamentali le capacità di gestire difficoltà e ansie relative a diversi cambiamenti. Tra queste difficoltà rientrano quelle legate alla necessità di instaurare nuove relazioni con compagni e docenti, modificare relazioni precedenti se costretti a frequentare l'Università fuori dalla sede dove si vive, sviluppare nuovi metodi di studio, apprendere a gestire l'ansia e l'eventuale frustrazione da esame, imparare a diventare adulti e responsabili nella gestione del tempo e delle risorse economiche, affinare le capacità di problem solving e di flessibilità nella pianificazione degli obiettivi e delle scadenze. Emerge quindi la necessità di possedere un bagaglio di competenze non solo specifiche del percorso di studi che si è intrapreso, ma anche competenze di natura emozionale.

Conclusioni

Se c'è una considerazione finale che mi sento di fare: è l'importanza di guardare ai giovani con occhi liberi da ogni pregiudizio culturale, di ascoltarli aprendo il cuore e la mente, perché, se non si propongono valide alternative, il giovane rabbioso di oggi è destinato a diventare l'uomo ostile e solitario di domani. È indispensabile riaffermare che l'alfabetizzazione emozionale può per certi versi apparire come un esercizio banale o, comunque, insufficiente a impedire le multiformi manifestazioni del malessere giovanile, ma l'obiettivo finale di formare nell'ambito scolastico esseri umani, in un clima di libertà e dignità, costituisce un traguardo fondamentale per il futuro della comunità sociale e per quello della scuola. Il diffondersi di esperienze formative centrate sulla crescita emozionale, credo autorizzi la speranza in un futuro nel quale la scuola assumerà il compito educativo prevalente di promuovere qualità e attitudini come l'autocontrollo e la sicurezza di sé, l'esprimere i sentimenti, l'arte di ascoltare e di risolvere i conflitti, di cooperare, e tutte le altre abilità della vita emotiva.

Bibliografia

Gardner, H. *L'educazione delle intelligenze multiple. Dalla teoria alla prassi pedagogica*, Anabasi, Milano, 1995;

Gardner, H. *Educazione e sviluppo della mente. Intelligenze multiple e apprendimento*, Centro Studi Erickson, Trento, 2005;

Goleman, D. *Intelligenza emotiva. Che cos'è, perché può renderci felici*, Rizzoli, Milano, 1996;

Battacchi, M.W. *Lo sviluppo emotivo*, Gius. Laterza & Figli Spa, Bari, 2004;

Bosi, R.. *Pedagogia al nido. Sentimenti e relazioni*, Carocci Faber, Roma, 2013;

Contini, M. *Per una pedagogia delle emozioni*, La nuova Italia, Scandicci, 2013;

De Rossi, M. Restiglian, E. *Narrazione e documentazione educativa: percorsi per la prima infanzia*, Carocci Faber, Roma, 2013;

Grazzani Gavazzi, I. *Psicologia dello sviluppo emotivo*, Il Mulino, Bologna, 2009;

Milani, P. *Un tempo per incontrarsi: pensieri e pratiche per favorire l'ambientamento di bambini e genitori nella scuola dell'infanzia*, Kite, Padova, 2010;

Restiglian, E. *Progettare al nido: teorie e pratiche educative*, Carocci Faber, Roma, 2012;

Scarzello, D. *Lo sviluppo della competenza emotiva nella prima infanzia. Il ruolo della comunicazione affettiva e delle pratiche educative*, Unicopli, Milano, 2011;

Smaldone, S. *Scuola, famiglia e territorio: BES e strategie di inclusione*, Fuori Tema, Collana Scuola, Recale, 2019;

Salerno V. *Accostarsi all'«Intelligenza delle emozioni» di Martha C. Nussbaum*, libreriauniversitaria.it, Limena, 2018

Dato D. *L'insegnante emotivo: Formare tra mente e affetti*, Progedit, Bari, 2019;

Franco B., Predicatori P., *Il linguaggio delle emozioni. 48 storie per sviluppare l'intelligenza emotiva*, Gribaudo, Milano, 2019.